年収1億円を生み出す

Real Estate Investment

［ハイブリッド］不動産投資

生形 大　Dai Ubukata

ぱる出版

はじめに

◆あなたも、年収1億円！

「年収1億円」と聞いて、皆さんはどのようなイメージを抱くでしょうか？

プロスポーツ選手。
売れっ子芸能人。
大企業の社長や起業に成功した実業家。

ほとんどの人は自分にはまったく縁のない、雲の上の存在を想像するのではないでしょうか。実際に**私自身もわずか10年前は年収が約４００万円足らずで、年収1億円どころか１０００万円でさえ、夢のまた夢だと思い込んでいました。**

しかし、前年の私の収入の合計は気付くと1億円を突破していました。

私は特別何か優れたスキルがあるわけでもありません。数年前まではごく普通のサラリーマンでした。しかも、20代と30代でそれぞれ1回ずつリストラまで経験しているのです。どちらかというと、できない方に分類されるサラリーマンだったのかもしれません。

唯一、他の人より優れていたのは行動力だと思います。とにかく自分が良いと思ったものはためらわずに挑戦していきました。そして、コツコツとお金が生まれる仕組みを構築して、それを少しずつ増やしていっただけなのです。

本書を読んでいただければわかる通り、**私が構築したお金の生まれる仕組みは、私自身がゼロから考え出してつくったものは1つもありません。**

もちろん、私なりに努力や工夫、勉強もたくさんしましたが、どれもすでに世の中に存在している仕組みをマネしただけです。

そして、**これらの仕組みの本当に素晴らしいところは、一度この仕組みを構築さえしてしまえば、ほとんど自分が働かなくても、自動的にお金を生んでくれる**ということです。

わたしはこれらの仕組みを複数構築したおかげで、経済的だけではなく時間的な自由も手に入れました。

2014年の末にサラリーマンを退職してからは、満員電車に揺られることもなく、自分の好きな人たちと、好きな時間に自分のやりたいことができています。もちろん、ストレスもまったく感じることもありません。

◆サラリーマンをセミリタイア

私が実際にサラリーマンを辞めた話を友人にすると、さすがに私がどうやって生活しているかが気になるようで、詳しく聞かれるようになりました。

彼らの多くは昔から私のことを知っているので、私にできたのだから自分でもできると思うようです。こうして、私はお金の生まれる仕組みづくりの方法を、人に教えるようになりました。

私自身がこれらの仕組みづくりを始めてから、サラリーマンを退職するまでに約7年の歳月がかかりました。その間は試行錯誤を繰り返し、失敗もたくさんしてきました。また、多くの人に教えることで、自分以外の成功体験や失敗体験も知ることができました。

人に教えることで自分もどんどん成長していくことができたのです。

そして、２０１６年に入ってからは、**私以外にもサラリーマンを卒業する人が出始めました。一番早い人で、なんと1年5ヶ月という短期間で達成した人もいました。**

彼らの多くは数年前まで私に会っても会社の愚痴しか言ってなかった人たちです。しかし、今では目を輝かせて自分のやりたいことの話をしてくれます。

これは私にとっても大きな喜びとなりました。自分に相談してくれた友人が、みるみると成果を上げげて、幸せになっていく姿をみるのはこちらも本当に嬉しくなります。

今回、私が初めて筆を執ったのも、私がかつてそうであったように、将来に不安を感じながらも、仕事に追われて何も行動を起こせていないサラリーマンの方が一人でも本書を読んで人生を変えることができればという想いからです。

数ある書籍の中で、あなたが本書を手に取ったのは運命です。もし、あなたが本気で人生を変えたいなら、今すぐ本書をレジに持って行ってください。本書を読んで、本気で行動してくれると約束するなら、私は絶対にあなたの人生を変える自信があります。

あなたが本書を読んで人生の限りある時間を有効に使えるようになれれば、私も大変幸せです。行動のみがあなたの人生を切り開きます。

平成28年12月

生形　大

年収1億円を生み出す［ハイブリッド］不動産投資

お金のプロが教える！
10 年後も稼ぎ続けるリスク分散投資法

CONTENTS

第2章 これから注目のビジネス【スペース賃貸】

第3章 始めるなら今が一番のチャンス【太陽光発電】

第4章 これから人口が増えて発展する国へ【海外不動産投資】

第5章 不動産業界に到来した黒舟【Ａｉｒｂｎｂ】

第6章 年収1億円への道 ハイブリッド不動産投資【実践編】

カバーデザイン▼EBranch 冨澤 崇
図版作成▼原 一孝
本文デザイン▼Bird's Eye
企画プロデュース▼小山睦男

序章

年収1億円への道
ハイブリッド不動産投資戦略

01

お金が生まれる仕組みを意識する

私もかつてはそうでしたが、みなさんのほとんどは働いた対価として、給料や報酬をもらっているのではないでしょうか？

企業で働いているサラリーマンはもちろん、勤務医などのお医者さん、法律事務所に勤める弁護士などの士業の方も基本的に同じです。

これらの人たちに共通することは、自分が働かなくなるとたちまち収入が途絶えてしまうということです。

また、年収2000万円ぐらいまでであれば、サラリーマンでも大企業の役員クラスまで昇進すれば可能ですが、それ以上の収入を働いた対価として得るのは一般の人にはほぼ不可能に近いことです。ましてや年収1億円となると夢のまた夢でしょう。

年収1億円に達するには「自分が働いて稼ぐ」というマインドを捨てることが重要です。正確にはお金が生まれる仕組みづくりをするところまでは、自分で働き、後はその仕組みによってお金を生んでもらうのです。

そして、また、自分で別の仕組みをつくっていくのです。

この作業をひたすらコツコツと繰り返していけば、年収1億円も夢ではありません。

02 フロー型の収入とストック型の収入

収入の種類にはフロー型の収入とストック型の収入があります。

フロー型の収入とは、毎回単発で仕事を請け負う形式のビジネスから得られる収入で、小売りや飲食店など、常にお客を探してきて、売上げを上げる必要があります。人気が出れば、爆発的に売上げが伸びる可能性がある反面、人気がなくなったり、手を動かすのをやめたりすればたちまち収入がなくなってしまいます。

大別すれば雇用されているサラリーマンもフロー型の収入といえます。自分が一生懸命働けば働くほど、その対価として収入は増えますが、病気になったり会社をリストラされたりして働けなくなると収入がなくなってしまいます。

フロー型の収入は景気に左右されやすいので、これだけの収入に頼っていると、常に将来に対する不安を払拭することはできません。

また、フロー型の収入は労働集約的な側面があるため、自分1人の労働力だけでは限界があり、人を雇って規模を拡大しない限り、収入を大きく増やすことは難しいでしょう。

一方、ストック型の収入とは、一度その仕組みづくりをしてしまえば、基本的に何もしなくても収入が安定して入ってくる収入を差します。

身近な例をあげると、電気、ガス、水道、通信など社会のインフラを提供している会社はストック型の収入を得ているといえます。

みなさんが得ている身近なストック型の収入を上げると、銀行にお金を預けたときにもらえる金利収入や、株式を所有しているともらえる配当金もストック型の収入といえます。

これら、ストック型の収入の特徴は、その仕組みをつくるのに手間とお金がかかりますが、いったんその仕組みや権利を得てしまうと、後はほとんど何もしなくても、自動的にお金が入ってきます。

また、ストック型の収入は景気に左右されにくいため、収入が安定しやすいのも特徴です。

年収1億円を目指すには、このどちらの収入も重要となりますが、大事なことはフロー型の収入から得たお金を使ってしまわずに、ストック型の収入の仕組みづくりに投資することです。

ストック型の収入はお金の生まれる仕組みが増えれば増えるほど、どんどん増えていきます。この収入をさらにストック型の収入づくりに再投資すれば、雪だるま式に収入が増えていくのです。

03 複数の収入源を持つことの安定性

私の場合、2つのフロー型のビジネスからの収入と4つのストック型のビジネスからの収入があります。これら6つの収入源があれば、たとえどれか1つのビジネスで損失が発生したり、収入が途絶えたりしてしまったとしても、生活の基盤はびくともしません。

また、複数のビジネスからの収入を得ていることでリスクの分散もはかれています。

もちろん初めから、あれもこれもといろんなことに手を出してしまうのは、それぞれの事業に集中できないため、結果が出にくいですが、1つ1つコツコツと丁寧に仕組みをつくっていけばいいのです。

これから、具体的に私が構築したお金が生まれる仕組みについてお話ししていきますが、私がこれらの仕組みのほとんどをつくったのは、忙しいサラリーマン時代です。平日の仕事が終わってから、または、休日の空き時間でできることばかりです。

あなたの会社はあなたが一生懸命残業したり、休日出勤したりすると一生あなたに給料を払い続けてくれるでしょうか？

せいぜい翌月の給料が少し増えたり、振替休日の日数が増えたりするだけでしょう。

もちろん、サラリーマンであれば、日々の仕事をこなすことは生活をする上でとても重要なことです。

しかし、あなたが病気をして働けなくなったり、会社が倒産してリストラされたりしたら、たちまち収入が途絶えてしまいます。そうなってしまって途方に暮れる前に、少しでもストック収入が生まれる仕組みをつくり、今の生活から抜け出してください。

それでは私の収入の仕組みを少しずつ明かしていきましょう。

第1章

究極のリピートビジネスを所有しよう

04 まずは儲かるビジネスモデルを確認する

まず、あなたの毎月の支出の内訳を書き出してみてください。家賃または住宅ローン、食費、保険、通信費、光熱費、こどもがいれば教育費用、趣味などに使うお金やお小遣い、車を所有していれば、車のローンや駐車場代、ガソリン代などもかかります。この中で一番金額が大きいのはどの項目ですか？　おそらく、実家暮らしや、親から自宅を引き継いだ方以外のほとんどの方は、家賃または住宅ローンが一番大きな比率を占めているのではないでしょうか。

家賃は人間が生活する上での衣・食・住の中でも、毎月確実に同じ金額がかかり、引っ越しでもしない限り節約ができない部分です。

一方で逆の立場から見てみると、大家さんは、毎月確実に家賃という売上げが自動的に収入として入ってきます。しかも、一度入居者が決まってしまえば、その人が退去しない限り、何もしなくとも入ってくる収入です。とてもシンプルな仕組みですが、これをビジネスと見た場合、これほど優れたビジネスモデルはありません。

例えば飲食店を経営する場合は、お店を借りて、内装や什器を用意します。人を雇用して教育し、ようやく開店できますが、毎日、食材の仕入れをして、開店前から仕込みをした上、開店すると接客、会計、食器の後始末、閉店後には清掃と多くの作業が必要となります。

しかも、日々営業努力をして、味もおいしくないとお客さんは継続して来てはくれません。また、衛生面にも気を使わないと、食中毒などを発生するリスクも伴います。そして、日々の売上げに一喜一憂し、毎日明日もお客さんが来てくれるか心配しなければなりません。

もちろん、人気が出れば爆発的に収入を生むことはできるかもしれませんが、季節や流行、景気にも左右されるため、長期的には安定しづらいビジネスといえます。競争が激しいラーメン店は4割がオープンして1年以内に店を閉めざるを得なくなるといわれています。

それに対して、賃貸経営は「毎月、住まいという安定した商品を継続的にレンタルするという究極のリピートビジネス」といえます。

しかも、このビジネスの優れたところは、管理を不動産管理の会社に任せれば、オーナーはほとんど何もしなくても良いというところです。

また、ビジネスモデルとしての再現性が高いため、誰でも物件さえ取得すれば、すぐに始められます。既に入居者が入っている中古物件を購入すれば、買ったその日から売上げが上がるというのもとても魅力的といえます。

05 日本国内の不動産投資がおいしい理由

私の周りにはサラリーマンをセミリタイアした30代、40代の方がたくさんいます。その人たちは例外なく、不動産投資を行っています。

逆に言うと、不動産投資以外でセミリタイア生活をしている人はほとんど見たことがありません。そして、その人たちのほとんどは、もともと不動産とはまったく関係のない仕事をしていた人たちで、つまり不動産についてはほとんど素人です。

では、なぜそんな素人がセミリタイアできるまで成功することができるのでしょうか？

まず、一番大きな理由は素人でも外注化できる仕組みが整っていることです。不動産の購入から、所有権移転、賃貸管理、清掃などすべてに各専門業者がいて、オーナーの代わりに代理で行ってくれます。

オーナーはこれらの業者にお願いして、基本的には家賃の入金と経費の出金の確認をするだけです。他には、入退去の際の原状回復工事やリフォームの発注、管理会社との電話やメールでのやりとりが必要ですが、平均して月に数時間程度です。

これらの仕事を時給換算すると10万円を超えることもあります。

つまり、オーナーの手離れが良いビジネスなので、資金が続く限り、物件を増やし続けていくことができ、物件を増やせば増やすほど収入が増えていきます。

06 高いイールドギャップ

イールドギャップ（%）とは物件の表面利回り（%）から借入金利（%）を引いたものです。

例えば物件の利回りが10%で借入金利が2%の場合、イールドギャップは8%となります。つまり、この数値が高ければ高いほど、収益性が高いといえます。

現在日本は、大規模な金融緩和の影響で歴史的な低金利状態です。住宅ローンはもちろん、投資用の不動産ローン金利でも1％を切るような金融機関も現れ始めました。世界中を見渡しても、これほどイールドギャップが高い国は日本くらいしかありません。その背景として、バブル崩壊以降、長年続くデフレの影響が大きく、不動産も長い間下落をしたためです。

一方でかつての日本がそうであったように、経済が発展し続けている海外の地域では基本的に不動産価格は値上がりすると考えられています。

したがって、不動産価格が上がり続けている海外では例えイールドギャップがマイナスでも、数年後の売却益も含めるとトータルでプラスになる可能性があるためイールドギャップがマイナスになるような価格でも売買が成立するのです。

07 不動産投資はお金持ちだけがやるものとの思い込み

私が不動産投資に興味をもったのは、『金持ち父さん貧乏父さん』（ロバートキヨサキ著　筑摩書房）を読んだことがきっかけでした。しかし、当時20代のサラリーマンだった私は、自己資金が少なく、自分が1棟もののアパートやマンションなど買える訳がないと思い込んでいました。

というのも、当時はサラリーマン向けの不動産投資の書籍は少なく、どの書籍を読んでも、頭金は物件価格の2〜3割が必要で、それ以外にも諸経費で物件価格の7％程度が必要と書いてあったからです。

例えば、1億円の物件を購入するのに少なくとも3000万円程度の自己資金が必要となります。20代のサラリーマンがこんなに大金を持っている訳もなく、私はこれを知って、不動産投資はお金持ちがするものと思い込んでいました。

しかし、いろいろと調べていくと頭金が1割程度でもよい金融機関や、物件の評価が出れば、物件価格を全額融資するフルローンや物件価格以上の金額を融資するオーバーローンの融資をしてくれる金融機関の存在を知りました。

これを知った私はこれらの金融機関を利用して、積極的に年間1棟から2棟のアパート・マンションを取得していきました。

08

自身のサラリーマンの属性と家族の属性を最大限に生かす

実際に融資を受けて、物件購入を進めていくと、金融機関がいかにサラリーマンの属性を高く評価しているかがわかってきました。サラリーマンであるうちは、この属性を使わない手はありません。

私はこの属性を利用して、個人の名義で5棟のアパート・マンションと身内の名義で4棟、身内を代表にした法人名義で3棟、計12棟189室を6年の間で一気に取得しました。

これらの物件からの賃貸収入だけでも、年間8000万円を越えます。名義を自分と身内、法人に分けたのにも理由があります。

まずは、一個人だけの名義では、借入金額に限界があるからです。サラリーマンへの融資をもっとも積極的に行っているといわれているスルガ銀行でも、年収の20～30倍が限界といわれています（2016年現在、年収が1000万円を超える人に対してはさらに融資を行うようになりました）。

所得にかかる税負担

課税される所得金額		税率	控除額
	195万円以下	5%	0円
195万円を超え	330万円以下	10%	97,500円
330万円を超え	695万円以下	20%	427,500円
695万円を超え	900万円以下	23%	636,000円
900万円を超え	1,800万円以下	33%	1,536,000円
1,800万円を超え	4,000万円以下	40%	2,796,000円
4,000万円超		45%	4,796,000円

出典：国税局ホームページ「https://www.nta.go.jp/taxanswer/shotoku/2260.htm」

また、法人であれば、基本的に融資額に限度額はありません。六本木ヒルズなどを運営している森ビルの借入金額は1兆円を超え、家賃収入は1400億円もあるそうです。

また、個人名義だけで物件を取得していくと、家賃収入とともに所得金額も増加するため、税率が高くなってしまいます。

所得金額が1800万円を超えると所得税が40%、住民税を併せると50%も税金を支払わなければいけなくなります。

所有物件が増えると、税金の負担が大きくなるので、うまく所得を分散させることがお金を手元に残す上では重要となります。

09 不動産を購入すると税金の還付が受けられる

不動産投資のメリットは他にもあります。場合によって、所得税や消費税の還付を受けられる場合があります。とくに所得税の還付はサラリーマンの所得税率が高い人ほどメリットがあります。サラリーマン所得と不動産所得は損益通算ができるため不動産所得が赤字になった場合所得税の還付が受けられます。

不動産の購入には、物件価格の他に、仲介手数料、登録免許税、登記のための司法書士費用、不動産取得税、印紙税などがかかります。このうち仲介手数料を除く部分に付いてはその年度の経費計上が認められています（仲介手数料は物件価格に上乗せされて、建物部分については減価償却ができる）。これらの諸経費のかかる物件購入した初年度は特に不動産所得がマイナスになる場合がほとんどです。

例えば課税所得金額が１０００万円のサラリーマンが不動産を取得し、その年の不動産所得が４００万円の赤字になったとします。

サラリーマンの課税所得だけの場合の所得税と住民税は、

所得税　（課税所得金額１０００万円×33％）－税額控除金額１５３万円＝１７７万円
住民税　課税所得金額１０００万円×10％＝１００万円

となりますが、不動産所得の４００万円の赤字を合算すると所得金額が６００万円となりますので、税率が23％となり、それぞれの税額は、

所得税　（課税所得金額１０００万円－赤字の不動産所得４００万円）×23％－税額控除金額６３万円）＝75万円
住民税　（課税所得金額１０００万円－赤字の不動産所得４００万円）×10％＝60万円

１７７万円が所得税としてサラリーマンの給料から天引きされていたため、１７７－75＝１０２万円が所得税の還付金として戻ってきます。さらに、翌年の6月から支払う予定だった住民税１００万円が60万円で済むため、40万円住民税が少なくなりました。所得税と住民税合わせると、約１４２万円の税金負担が減ったことになります。

私はサラリーマンを辞める前の3年間は毎年、１棟か2棟のマンションを個人名義

で購入していたので、個人の不動産所得は毎年赤字になっていました。そして、その所得税還付金を不動産投資の資金として、さらに物件取得を加速させていきました。

10 所得税還付目的のワンルームマンション投資には気をつけろ

この所得税還付の仕組を利用したのが、特に高額所得者向けに不動産業者が販売しているワンルームマンション投資です。

所得税の還付の仕組は先ほど説明した通りですが、この投資の問題は、その投資自体のキャッシュフローもマイナスになることです。キャッシュフローとは家賃収入からローン返済、管理費、修繕積立金、固定資産税などの必要経費を差し引いた実際のお金の手残り金額をさします。

彼らのセールストークは月々、数千円の負担のみで、将来の年金代わりのマンションが手に入りますとか、所得税の還付を受けられます、といった内容です。

しかし、よくよく彼らのシミュレーションを見ると、固定資産税が収支から漏れていたり、空室の期間を想定していなかったり、原状回復やリフォーム、広告料などの費用も入っていなかったりしています。

そもそも、これらの投資は所得税の還付目的なので、サラリーマンの収入がなくなってしまうと、還付する税金もなくなり、毎月収支が赤字になり、あなたの貯金を奪っていく負の資産です。

そして、いざ売ろうとしても、もともと相場観のない素人に割高な金額で売りつけているので、ローンの残債の金額では売ることができず、売るに売れない状況に陥ります。

このような物件は忙しい高所得のサラリーマンほど、会社の人がみんなやっているからという理由で疑いもせずに購入している人が多いので注意が必要です。

11 おすすめは一棟アパート・マンション

不動産投資には区分マンション・戸建て・一棟アパート・一棟マンションなどいろ

いろな種類がありますが、私のおすすめは、アパート・マンションを一棟丸ごと購入する方法です。

おすすめする理由はいくつかありますが、一番大きいのは空室のリスクを分散できるということです。

区分マンションや戸建ての場合は、入居者は1世帯なので、空室になってしまうと収入はゼロになります。

収入がゼロになっても、マンションの場合は修繕積立金や管理費、ローンで購入した場合はローンの返済は毎月発生します。空室の間はそれらすべての支払いを自分の別の収入や貯金から支払う必要があります。

一方で一棟物のアパート・マンションの場合は複数世帯が入居しますので、その部屋のいくつかが空室になっても、他の入居者からの家賃は入ります。ローンの返済金額と収入のバランスにもよりますが、自分の手元から出費する可能性は低くなります。

また、区分マンション一室を購入する場合もマンション一棟を購入する場合も、契約から売買完了までの基本的な手間はほとんど変わりません。したがって、資産を増やす時間効率を高める意味でも一棟物のアパート・マンションの方が良いでしょう。

12 フルローンも可能!? 金融機関も区分より1棟を好む

融資を受けて物件を購入する場合も金融機関は区分マンションより1棟を好みます。というのも、区分マンションでは、そのマンションの所有者全員で土地の持分を割り振りますので1戸あたりの土地はわずかとなります。すると、金融機関が物件を評価する上で担保評価も低くなりやすく、実際の売買価格より担保評価の方が低くなる可能性が高くなります。

一般的に金融機関がローンの融資審査をする場合、物件の担保評価と購入者の属性（収入や所有資産、勤務先、勤務年数など）の両方を審査して、融資可否や金額を決定します。

区分マンションの1戸や2戸程度であれば、物件の担保評価が足りなくても、購入者の属性次第で融資を受けることができますが、そのような物件を購入するごとに、担保評価よりもローンの残債が増えていきますので、債務超過とみなされ、それ以上融資を受けての購入は難しくなります。

一方で一棟アパートやマンションの場合、購入価格が金融機関の担保評価価格を上回る場合があります。そのようなケースでは金融機関によっては物件価格と同じ金額を融資するフルローン、もしくは物件価格と諸経費まで融資するオーバーローンを受けることもできます。

さらに、所有している物件の担保評価の合計がローンの残債の合計を上回れば資産超過とみなされるため、次に物件を購入する際に審査が有利になります。この状態になれば、資産超過の良いスパイラルとなり、手持ちの資金をあまり使わずに、次々と融資を受けて所有物件を増やしていくことも可能になるのです。

13 1年間で家賃年収が5000万円になるケースも

私が不動産投資を始めてから今の家賃収入になるまで、約7年かかりました。しかし、現在は日銀の金融緩和政策の影響もあり、金融機関の融資姿勢がとても緩んでいます。このタイミングに戦略的に融資を受ければ、1年間に家賃収入が5000万円を超えることも可能です。

私は不動産投資塾や個別にコンサルティングをしているため、実際にこの1年でそれくらい物件取得した人を何人も見てきました。

もちろん、ローンの返済や税金の支払い、リフォームや広告費などの支出がありますので、手元に残るお金は1000万円~1500万円くらいになります。

それでも、私が知っている限り、サラリーマンをしながら副業としてこれだけの収入を短期間で得られ、しかも継続的に収入が入り続けるビジネスはありません。

もちろん、その収入の対価として、借金を背負う必要がありますが、うまくリスクコントロールをすれば、リスクを限りなく少なくして、収入を増やすことができます。

14 やらないリスクより、リスク分散でカバーする

私がこれだけの物件を借入をしながら増やしていることを話すと、借金の多さに私のことを心配する人がいます。しかし、私からしてみたら、自ら働いた対価としての

収入だけに頼っている方がよっぽどリスクが高いと考えます。

日本国内には自然災害が多いですが、火災保険や地震保険である程度のリスクは回避できますし、所有する物件の地域を分散すれば、1つの物件で災害や事故が起きても、他の物件からの収入でカバーすることもできます。

また、国内の人口減少により、これから減り続けていくことが予想されている賃貸需要に対して、今後、成長が見込まれる新しい分野の不動産投資が注目されつつあります。

私も数年前より、いくつかの分野に参入し、収入を伸ばしてきました。これらの投資のほとんどは、通常の賃貸経営よりも利回りが高く、入退去の度に原状回復工事やリフォームも必要がないため、維持コストもあまりかかりません。

これらの収入は私の収入の約2割を占めるようになり、今後もその比率を高めていきたいと思っています。

次の章からは私が実際に行って結果が出始めているハイブリッド不動産の内容をご紹介していきます。

第2章

これから注目のビジネス【スペース賃貸】

15

スペース賃貸ビジネスの現状と将来性

私がこれから注目しているビジネスはスペースを貸すビジネスです。

スペースといっても、いろいろありますが、私が現在行っているのが、ビルの空いているテナントをトランクルームに改装して、レンタル収納スペースとして貸し出すビジネスと空いている部屋を会議や、写真撮影、ママ会など短時間の利用を目的として、時間貸しするレンタルスペースビジネスです。

レンタル収納ビジネスはセルフストレージサービスとも呼ばれ、大別すると国道沿いなどにある「コンテナ収納」、街中のビルの中にある「トランクルーム」があります。最近では首都圏、特に東京都内で街中を歩くとかなりの頻度でレンタル収納の看板を見かけるようになりました。実際の統計データ※を見てみても、数年で業界全体の売上げが倍増するなど、急激に普及しているようです。

矢野経済研究所の「レンタル収納・コンテナ収納・トランクルーム市場に関する調査（2016年）」によれば、2015年度の国内の収納サービス（レンタル収納・

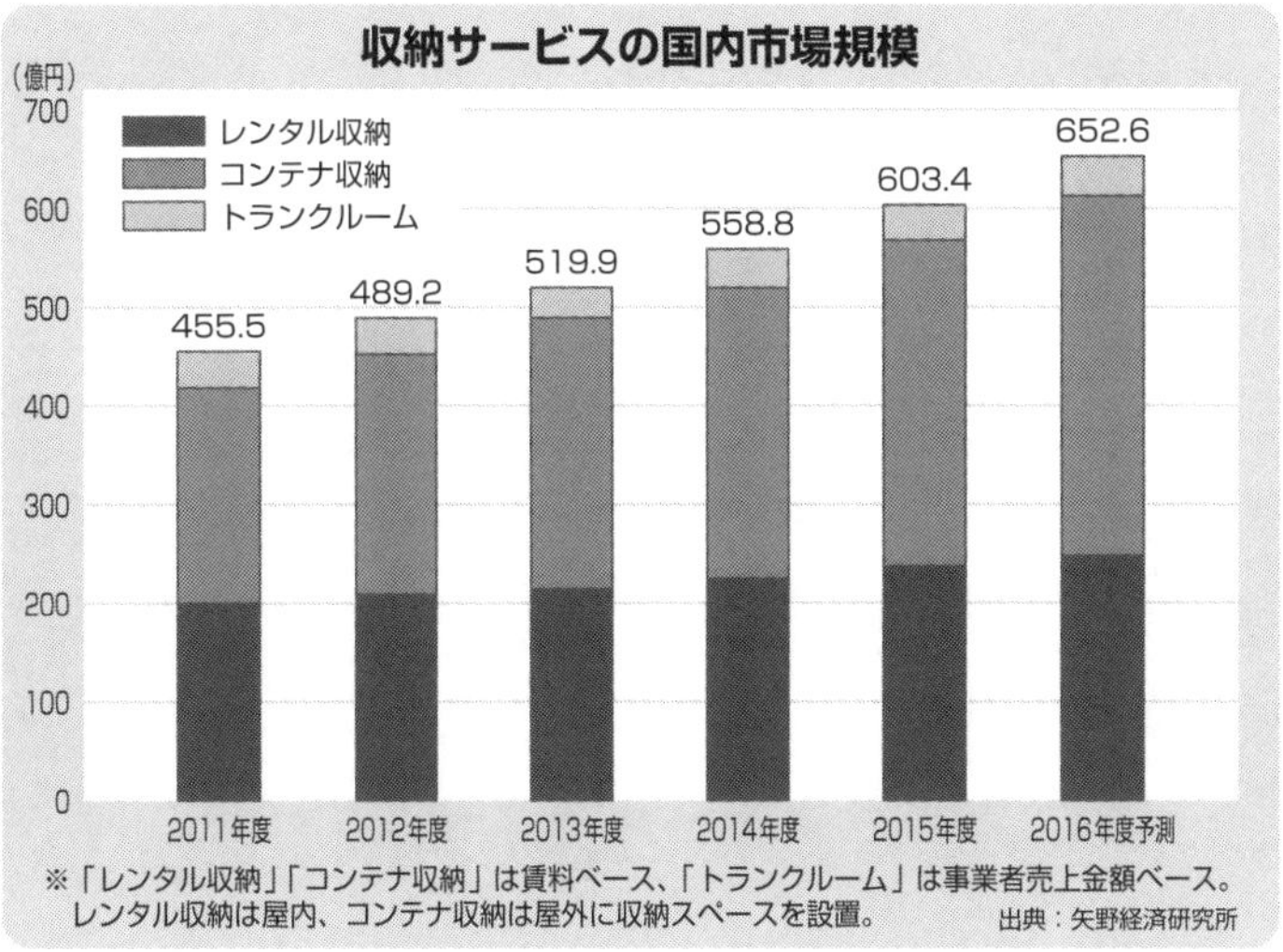

※「レンタル収納」「コンテナ収納」は賃料ベース、「トランクルーム」は事業者売上金額ベース。
レンタル収納は屋内、コンテナ収納は屋外に収納スペースを設置。
出典：矢野経済研究所

コンテナ収納・トランクルーム）の市場規模は前年度比8％増の603・4億円、2016年度は前年度比8・2％増の652・6億円を予測。

2015年度の国内の収納サービス（レンタル収納・コンテナ収納・トランクルーム）市場規模は前年度比8％増の603億4000万円でした。収納サービス（同）は近年サービス拠点の拡大が続き、これに伴い収納スペースの利用者も増加したことで市場規模の拡大が続いています。

2016年度もこうした傾向は継続するものとみられ、前年度比8・2％増の652億6000万円を予測しています。

2015年度のレンタル収納市場規模は前年度比5・9%増の238・8億円、コンテナ収納市場規模は9・8%増の327・5億円、2015年度のレンタル収納市場規模は前年度比5・9%増の238億8000万円、コンテナ収納は同9・8増の327億5000万円でした。

レンタル収納は地方都市における新たな参入事業者の増加により、地方都市でも収納サービスとしての認知度が向上しています。コンテナ収納は地方よりも首都圏での拠点拡大が一段と進んでいるようです。

全国のレンタル収納・コンテナ収納の1世帯あたりの収納スペース数は約0・0077室、全国世帯数の約130世帯に1室。2016年6月末時点の全国のレンタル収納およびコンテナ収納スペースの室数（Unit 数）は約43・8万室。

これは2016年1月時点の住民基本台帳（総務省）の総世帯数5695万世帯に対して、1世帯あたり約0・0077室となり、約130世帯に1室の収納スペースがある計算。米国の世帯数当たりの普及率が約10%（全米セルフストレージ協会調べ）であることを考えれば、仮に日本の限界普及率が5%以下であったとしても出店余地は相当に大きいといえます。

16 自分が実際に使ってみてわかったレンタル収納の便利さ

私自身、都内のマンションに住んでおり、収納の少なさに悩まされていました。そこで、近所にあったレンタル収納を試しに借り、使用頻度の少ないものはどんどんレンタル収納に移動させてしまいました。

いざ、その荷物や書類が必要な時に取りにいくのが面倒な場合がありますが、24時間営業なので、必要なときにいつでも取りにいけます。

スペースの平米単価で言えば、近所のワンルームマンションでも借りてしまった方が安いのですが、さすがにそこまでして預けるほどの荷物もありません。レンタル収納の店舗には借りる人の需要に合わせて、小さなロッカータイプのものから、畳10畳くらいのものまでさまざまな広さが用意されています。

一度借りてみるとわかると思いますが、レンタル収納にはどんどん荷物が増えていくため、なかなか解約するきっかけがありません。おそらく、私も今よりかなり広い所に引っ越さない限りは、今のレンタル収納は解約できないと思います。

レンタル収納の利用者には他にも、自宅の建て替えの際の一時的な荷物の保管や、自分の趣味専用の倉庫など利用者により様々です。

私が一番印象に残っている利用者は、離婚した家族との思い出の品を捨てるに捨てられずに預けにきたそうです。

このように利用者は短期と長期の人が混ざっているのですが、始めは短期の人の割合が多くても、短期の人は解約していなくなっていくため、徐々に長期利用者の比率が高まっていきます。

そうすると、ビジネスとしての収益性も安定します。

また、賃貸住宅の場合は毎日そこで人々が生活しているため、設備の故障、騒音や異臭、時には近隣の人たちと人間関係でトラブルが発生する場合があります。

しかし、レンタル収納の場合は滅多に近隣の収納を借りている人と会うこともなく、例え会ったとしてもトラブルになることはまずありません。

また、解約になった場合の原状回復も、ゴミを拾う程度で費用と手間はほとんどかかりません。

17 レンタル収納の開設・管理・集客はどうするか？

これからレンタル収納ビジネスを始める人が気になるのが、レンタル収納の店舗の開設と管理、集客はどうするかということでしょう。

一番手っ取り早いのはフランチャイズに加盟することです。フランチャイズに加盟すると、物件探しから、地主・家主との契約、トランクルームの設置から、広告、運営まですべてを代行して行ってくれるところもあります。

しかし、加盟には通常、加盟金と利益に応じてロイヤリティが発生するため、それらは運営費にのしかかってきます。

また、運営がうまくいかなくても、彼らは一切責任を取ってくれません。しかも、フランチャイズの場合、運営可能な都道府県や市町村が限られているため、地方などでは対応してない場合があります。

実際に、私が運営しようとした地方都市では対応エリア外でした。

そこで、私が行ったのが、自主運営です。自主運営といっても、トランクルームや看板、垂れ幕などの設置と、レンタル収納の募集サイトの作成までを自分で行い、案内や、契約、管理業務を現地の不動産管理会社にお願いしました。

物件の管理を任せる際にトランクルームの管理もやってもらうという条件でお願いしたので、すんなり引き受けてもらえました。

18 実際に地方でレンタル収納を運営してみた結果は？

私がレンタル収納ビジネスを始めたきっかけですが、地方都市に購入したテナントビルの空室対策でした。

そのビルは1階と2階が店舗、オフィスとなっており、3階から5階が住居となっている複合型のビルでした。

私が購入した当時は1階と2階の8テナントのうち5テナントが空いている状態でした。しかも、車社会の地方都市にもかかわらず、駐車場の空きが1区画しかなく、周辺の駐車場もまったく空いてない状況でした。

そこで私が目を付けたのがレンタル収納スペースとして貸し出すことです。レンタル収納スペースであれば、駐車場1台分あれば十分と考えたからです。

しかし、いきなり空いているテナントすべてをレンタル収納に改装してしまうのはリスクを伴うため、まずは、一番小さなテナントに13区画のトランクルームを設置しました。それと並行して、ホームページを作成し、工事完了とともに募集を開始しました。

募集当初は周辺に認知もされていないことと、インターネットの検索順位も低かったため、なかなか問い合わせがありませんでしたが、時間とともに徐々に検索順位も上がり、募集から1ヶ月で初めての問い合わせがあり、成約しました。

その後も1ヶ月に1件から2件くらいのペースで埋まり始めました。

レンタル収納を運営してみてわかったのは、とにかく埋まるのに時間がかかるということです。途中で新聞の折り込み広告を入れてみましたが、効果はほとんどありませんでした。オープンから約8ヶ月で、すべての区画が埋まりそうになりましたので、すぐに第2期工事を始め、17戸のトランクルームを増設しました。

この頃から、認知度が高まり始めたのか、月にコンスタントに2戸ペースで申込が入るようになりました。

そして、2期分のトランクルームの満室が近づいてきた所で、第3期工事で一気に2テナントをトランクルームに改装し、合計63戸のトランクルームになりました。第3期がオープンした段階で料金も約15%値上げしました。ライバルや競合が周辺にないため、料金も自分で決められます。

19 管理人室も倉庫として貸し出す

このビルには約20平米ほどの管理人室が付いており、前オーナーは備品置き場として使用していました。私がオーナーになった後も、しばらくは備品置き場として使っていましたが、かなりのスペースが余りもったいない状態でした。

そこで、この管理人室も倉庫として借主を募集したところなんと3万円で借り手が見つかりました。

トランクルームに改装するのはハードルが高くても、そのままの状態で倉庫としてかすのに初期投資も必要ありません。ビルやマンションのオーナーで使ってない管理人室や備品倉庫などがある人は是非倉庫として貸し出すことをおすすめします。

【支出】トランクルーム設置工事代金（63戸）　360万円

照明電気工事　40万円

タイルカーペット設置工事　30万円

電気代　月額5000円

管理費　賃料の5％

【収入】満室時の賃料　月額40万円

現況　月額28万円（増床直後のため）

満室になれば1年で初期投資費用が回収できる予定です。

20 これから大注目のレンタルスペースビジネス

レンタル収納ビジネスとともに私が注目しているのが、レンタルスペースビジネスです。

レンタルスペースとはマンションやビルの1室、ときには一軒家や駐車場などの空いているスペースを時間単位で貸すビジネスです。

用途は会議、ママ会、写真撮影、クッキングスタジオ、移動販売スペースなど様々です。空いている空間があれば誰でも登録して貸し出すことができます。

◎レンタルスペースを登録できるサイト

・スペースマーケット (spacemarket.com)
・インスタベース (www.instabase.jp)
・軒先ビジネス (business.nokisaki.com)
・シープス (sheeps.jp)
・スペなび (supenavi.com)
・スペイシー (www.spacee.jp)

どのサイトも基本的にスペースの掲載は無料ですが、実際に予約が入るとその料金の30~35%程度の手数料が取られます（スペなびは無料）。

これらのユニークなところは、今までまったくお金を生むことがなかったスペースでお金を稼げるようになるということです。また、その貸すスペースは自分で所有している必要はなく、時間貸しの需要がありそうな場所をオーナーから安く借り上げて、貸すこともできるのです。

21 時間貸しの事例

■中目黒駅徒歩4分目黒川沿い軒先スペース

次ページ上の事例は目黒川沿いにあるマンションの軒先スペースを貸し出した事例です。予約ページのカレンダーを見る限り、野菜の移動販売の業者が頻繁に借りているようです。この軒先スペースはもともとまったくお金をまったく生まなかったただの軒先です。それが今ではお金を稼ぐスペースになっています。

金額は大きくはないですが、登録しておくだけで後は、自動的にお金を稼いでくれます。余っているスペースをお持ちの方はぜひ登録してみてください。

▲中目黒駅徒歩４分目黒川沿い軒先スペース

▼町田の古民家

■町田の古民家の事例

次は築150年の古民家の事例です（右ページ下の写真参照）。場所は東京町田市の住宅街ですが最低1時間3000円で貸し出されており、丸一日の貸し切りの場合は個人利用で2万円、商業利用の場合は8万5000円となっています。

カレンダーで予約状況を見る限り8割ほど予約で埋まっているため、かなりの収益が上がっていることが予想されます。レビューや利用実績を見る限り、コスプレの撮影などで利用されるケースが多いようです。

場所にもよりますが古民家は200万円ほどの値段で売られている場合もあり、安く購入して、これらのサイトでうまくプロモーションすれば、かなりの収益が上がる可能性があります。家は住むためだけでないという新たな視点で探すと、今まで見向きもしなかった物件がお宝物件になるかもしれません。

古民家はこちらのサイトで探すことができます。

「田舎ねっと」（http://www.inakanet.jp/）古民家専門の不動産売買ポータルサイトです。全国の古民家を探すことができます。

また、不動産ポータルサイト大手SUUMO（http://inaka.suumo.jp/）にも古民家や田舎の物件専用のページがあります。

他にも関西の方はこちらもおすすめです。
「田舎リゾート．ＮＥＴ」（http://www.country-life.co.jp/）
これらのサイトは後ほど紹介する民泊用の物件探しにも有効です。

22 スペースの登録方法

スペースの登録方法はとても簡単です。Ｅメールアカウントと写真があれば20分足らずで登録可能です。サイトにもよりますが、スペース登録後、審査がありそれに通過すると、すぐに募集を開始することができます。

時間単価も特に決まりがなく自分で自由に決められます。後から変更も可能なので予約状況を見ながら、調整していくとよいでしょう。

また、登録するサイトですが、なるべく多くの人の目に留まるよう、複数のサイトに登録した方が、より多くの予約を獲得できます。

ただし、その際に気をつけなければならないのが、ダブルブッキングです。スペースマーケットやインスタベースなどのサイトではダブルブッキングを防ぐため、自動的に他のサイトとカレンダー情報を同期する仕組みが備わっているので、それらを活用すればダブルブッキングを防ぐことができます。

また、予約が完了した際に、利用方法などが自動的に予約者に通知される仕組みになっていますので、予約者とメッセージのやり取りをする必要もありません。

私の経験上、インスタベースからの予約が圧倒的に多いので、まずはインスタベース、次に余裕があればスペースマーケットとスペーシーに登録することをおすすめします。

23 広がるシェアリングエコノミー

レンタルスペースの他にも、駐車場を時間貸しできるアキッパ（akiipa.com）や自動車を他人に時間貸しできるエニカ（anyca.net）など、他人と色々なものをシェアするシェアリングエコノミーが注目されています。

他にも飲食店の休業日や使用していない時間帯を他の人とシェアする飲食マッチ.Com（http://www.inshoku-match.com/）など新しいシェアの仕組みも始まっています。

たとえばアキッパは平日の昼間通勤で車を使う場合、空いている時間だけを時間貸しで貸すこともできます。エニカも平日は仕事で車を使わない場合、その時間帯だけ人に貸して収益を上げることができます。これらのサービスはまだまだ認知度が低いですが、今後認知度が高まるに連れて、さらに利用者の増加が予想されています。レンタル収納ビジネスも含めこれからが普及期に突入していく事業エリアです。この時期にうまくビジネスを軌道に乗せれば、事業として大きくできるチャンスがまだまだあるといえます。

さらに、貸す側、借りる側だけではなく、アイデアさえあれば、新しい物のシェアする仕組自体を提供するビジネスを仕掛ける側としてのチャンスもまだまだ残されている新しい領域です。

私も常に新しいビジネスチャンスがないかアンテナを張り巡らせているところです。

第3章

始めるなら今が一番のチャンス【太陽光発電】

24

これこそが本当の不労所得

不動産投資（賃貸経営）は不労所得といわれていますが、実際は、リフォーム、空室対策、トラブル対応など基本的なことは管理会社に任せることはできますが、その管理会社とのやりとりや、最終的な意思決定は必要で、完全な不労所得とは言えない側面があります。

私自身さまざまな形の不動産に投資していますが、その中でも唯一不労所得と呼べるのが太陽光発電への投資です。

太陽光発電とは太陽光エネルギーを太陽電池を用いて直接的に電力に変換する発電方式です。日本は１９７０年代のオイルショック以降、開発と普及に力を入れてきました。２００９年に余剰電力買取制度が始まり家庭で使い切れなかった余った電力を電力会社に売ることができるようになりました。

また、２０１２年には余剰買取制から全量買取制に制度が変更され、10ｋｗ以上の産業用は20年間の固定価格で買い取る制度になり、急速に普及しました。

全量買取制度が始まった２０１２年当時の固定買取価格は１ｋｗｈ当たり43・２円（税込）でしたが、年々低下が進み２０１６年現在では25・92円（税込）となりました。4年間で実に４割も売電価格が低下したことになります。

25 太陽光発電のメリットとデメリット

次に太陽光発電のメリットとデメリットを挙げてみます。

◎太陽光発電のメリット

・国が20年間（10ｋｗ以上の場合）の固定買取価格を保証してくれる
・賃貸経営のように空室期間が存在しない
・リフォーム費用・広告費がかからない
・大規模修繕の必要がない
・入居者がいないためトラブルが発生しづらい

・可動部分がないのでパネルの故障が少ない

◎**太陽光発電のデメリット**
・固定買取期間終了後の買取価格が未定
・災害や盗難で発電できなくなる可能性がある
・担保価値が少ないので融資が受けづらい
・中古の市場がまだ確立できてないので売りづらい
・発電量が天候に左右される

実際に私も3カ所で太陽光発電を運営していますが、運営してみた感想はとにかく手がかからないということです。今まで一度もトラブルになったことがありません。発電量も天候によって左右されますが、年間を通してみるとほぼ当初のシミュレーションに近い数字で落ち着きます。

これは本当にすごいことで、賃貸経営の場合は退去や設備の故障など想定外のトラブルも発生するため、当初のシミュレーション通りに利益は上がらないことが多いです。

26 売電価格が高い方が得とは限らない!!

先ほど説明したように、売電単価は年々低下しています。したがって、2012年当時に太陽光発電を開始した人が、これから始める人より有利かといえば、一概にそうともいえません。

売電価格は低下しているのですが、それとともに、太陽光発電パネルの単価や工事代金が低下しており設備の性能も上がってきているからです。

実際に、私もこの数年間野立ての太陽光発電の利回りを見続けてきましたが、今も数年前も表面利回りが10%前後とあまり変わっていません。

それでは、売電価格43・2円で利回り10%と、売電価格25・92円で利回り10%。どっちの太陽光発電に価値があるでしょうか。

実際に具体例を挙げて考えてみましょう。

売電価格43・2円、価格1000万円、利回り10%の場合、年間の売電金額は100万円です。売電価格25・92円、価格1000万円、利回り10%の場合ももちろん、年間の売電金額は100万円です。つまり、どちらも100万円の発電をするため、一見すると価値は同じのように見えます。そこで、視点を変えて、発電量に注目してみます。

◎売電価格43・2円、価格1000万円、利回り10%の場合の年間の発電量は、100万円÷43・2円＝23148kwです。

◎売電価格25・92円、価格1000万円、利回り10%の場合の年間の発電量は、100万円÷25・92円＝38580kwです。

どちらも100万円分の発電をしますが、発電量で比較すると25・92円の方が約4割も発電量が多いのです。

この発電量の違いが売電金額に影響するのが、固定価格の買取が終わる20年後からです。私の個人的見解ですが、固定買取が終了する20年以降も太陽光発電設備自体は稼働するので、その時の電力の時価で売電は可能であると考えられます。そのときに重要なのは当時の買取価格ではなく、発電量なのです。したがって、同じ利回りであるとするならば、今太陽光発電に参入するのが有利なのです。

今でも、たまに希少なプレミアム案件として数年前に設備認定を取得した売電価格が30円台の太陽光発電が販売されていますが、それでもやはり、利回りは10％前後のはずです。

この場合、得をしているのはこのプレミアムな30円台の案件を購入した投資家ではなく、数年前に30円台の設備認定を取っていた、土地の所有者やそれを販売する太陽光発電の販売業者です。むしろこの投資家は損をしていることになるのです。

もちろん、その分利回りが高く販売されていれば、投資家も得をしますが、そのようなことはまずありません。販売業者は10％の利回りがあれば売れることを知っているからです。

27 アパートやマンションの屋根や屋上に設置する価値はあるか？

私は野立ての太陽光発電の他に、所有しているアパートやマンションにも太陽光発電を設置しています。いずれも設置したのが２０１３年と２０１４年なので、売電価格も今より高く、普通に設置しても利回り10％以上のリターンは見込めました。

また、当時はセーフティネットと言って、太陽光発電設備の設置と同時に、空室の部屋をバリアフリーや手すりの設置工事などの工事を行えば、最大で空室1室当たり100万円の補助金が国から支給されました。

その補助金を使うと利回りが17％にもなり、太陽光発電設備の設置は大きなメリットがありました。しかし、その補助金制度も今は終了し、使えなくなっています。

では、今現在所有しているアパートやマンションに太陽光発電を設置するべきではないかといえばそうでもありません。

前述した通り、太陽光発電パネルの価格は下がっているにもかかわらず、発電効率は上がっているため、高利回りで設置できる可能性があるからです。

それでは、太陽光発電設備を設置するかしないかの判断はどうするべきでしょうか？

28 設置するアパート・マンションの利回りと太陽光発電の利回りを比較する

一番単純な判断基準は設置する太陽光発電の利回りがその物件自体の賃貸利回りよりも高くなるかどうかです。

例えば設置する物件価格が1億円で利回り8％、太陽光発電の導入費用が1000万円でその発電利回りが10％の場合、この物件トータルでの収入は賃貸収入が800万円、売電収入が100万円なので900万円が総収入となります。

一方で物件価格と太陽光発電設備の費用を合わせると1億1000万円なので、この物件の利回りは900万円÷1億1000万円＝8・12％となり、元々の物件の利回りより高くなりました。この場合は、太陽光発電の設置を検討する価値があるといえます。

しかし、この物件の賃貸利回りが元々10％以上ある場合は、利回り10％以下の太陽光発電を設置しても、トータルの利回りは低下するので、設置する価値はあまりないといえます。

というのも、投資家は物件を購入する際に、利回りや手元に残るキャッシュフローを見て判断するので、設置して利回りが低下する場合はその分を物件価格に転嫁できない可能性があるからです。

もちろん、将来的に売却を予定しておらず、持ち続ける場合で、かつ、太陽光発電の設置により、キャッシュフローの向上が見込める場合は設置する価値はあると言えます。

29 個人も法人も節約になる

これまで挙げた通り太陽光発電への投資自体、様々なメリットがありますが、ここまで普及を後押ししたのは、大きな節税効果があるからです。

節税の仕組には、グリーン投資減税と生産性向上設備投資促進税制の2つの仕組がありましたが、残念ながら平成28年度よりグリーン投資減税から太陽光発電設備が対象外となってしまいましたので、ここでの説明は割愛します。

30 生産性向上設備投資促進税制とは

企業が生産性を向上させる一定の機械装置・工具・器具備品・建物・建物付属設備・ソフトウェアを購入した場合、その固定資産の減価償却に関するルールにメリットを与える、というものです。

この機械装置の中に太陽光発電設備も含まれ、平成28年度は「特別償却50%」が可能です。例えば2000万円の太陽光発電設備を導入した場合は1000万円までをその会計年度で減価償却できるため、利益を圧縮することができ節税になります。

一定の条件を満たせば、個人でも適用できるため、高額所得者は特にメリットがあります。私の周りの高額所得者はこの制度を利用して、年間数百万円の所得税の還付を受けています。

この制度も平成29年の3月末で終了となり、その後はどうなるか未定です。

節税したい高額所得者や企業経営者は急いで生産性向上設備投資促進税制の申請済みの太陽光発電を探すことをおすすめします。

31 太陽光発電のリスクと保険

太陽光発電の一番のリスクは自然災害により、売電ができなくなってしまうことです。記憶に新しいのは鬼怒川の決壊により、堤防沿いにあった太陽光パネルが流されたケースではないでしょうか。

これ以外にも竜巻や台風などの強風により、パネルが飛ばされてしまうケースや、落雷や積雪、ヒョウなどによりパネルやパワーコンディショナーが壊れてしまう場合があります。

これらは自然災害のため未然に防ぐことは難しいです。もちろん、これらの災害が起こりにくい場所に設置することは理想ですが、そんなに都合の良い土地はめったにありません。

また、太陽光発電は屋外に数十年に渡って設置される設備です。そのため、盗難や損傷などの人的リスクや、故障や異常による機械的リスクも伴います。そこで頼りになるのが保険の存在です。

32 実際に太陽光発電はどのような保険に入る必要があるか？

一般的には、火災・落雷・台風・降雪・落下物・飛来物・衝突による損害が補償される火災保険に加入することがほとんどです。補償額により、保険金額も異なってきますが、対象内の損害であれば修理や修繕、新規購入などの高額な補償も対応可能です。

しかし、前述したとおり、太陽光発電の場合はパネルの盗難や想定外の事故の可能性もあり、火災保険だけではカバーしきれない場合があります。そういうときに役立つのが動産保険です。

動産保険は、太陽光発電のような設備や電化製品、高級家具や、精密機械などに対して、火災保険ではカバーできない広範囲なリスクを補償してくれます。

具体的な補償範囲は、火災保険でも補償されている火災や台風、ヒョウなどの自然被害、飛来物の落下による損傷に加え、ガス漏洩、電気漏電による爆発、さらには、いたずら、盗難、破損、組み立て、運送中の事故などにも対応しています。

ここで注意が必要なのが、電気的・機械的な事故の場合です。一般的な火災保険では電気的・機械的事故は免責（補償対象外）となっています。しかし、これらをカバーする特約に入れば、いわゆる故障も火災保険の対象となるので是非この特約に加入することをお勧めします。

33 保険や売電補償も含んだメンテナンスパッケージ商品も登場

最近では太陽光発電専門の保険を含んだメンテナンスパッケージ商品も登場しました。50ｋｗの低圧の太陽光発電装置でも、日照時間が長い時期は1日の売電が1万円を超える場合があります。

もしトラブルが発生した場合でも、遠隔での監視やモニタリングの仕組みがなく、電力会社からの明細を見てからそのトラブルに気付いた場合は、その間の売電のロスは計り知れません。そんなトラブルに役立つのがメンテナンスサービスです。

私が実際に加入しているアイエコをご紹介します。

◎アイエコ（eyeeco.jp）とは

売電補償・保険加入・駆けつけサービス・定期目視点検・監視機器設置・モニタリング・故障時の工賃無料サービスをすべて一本にまとめた総合メンテナンス商品です。価格も月額1万円以下です。

売電ロスや災害のリスク、別途保守契約を結ぶことを考えればとてもお得なパッケージ商品です。

すでに、太陽光発電を導入している人でも加入できるので是非検討してみてください。

34 畑を購入して太陽光発電を設置

私は2015年、太陽光発電用の土地として茨城県の畑を購入し、約800平米の土地に58・56kwのソーラーパネルを設置しました。購入代金は土地とパネルを併せて1800万円です。

売電の単価は29・16円／ｋｗｈで年間の総発電量は6万4986・9ｋｗｈで、予想売電収入は年間約190万円、表面利回りで約10・5％の予定です。

広い敷地の上に架台を設置して、太陽光パネルを敷き詰める、いわゆる野立てソーラー発電には、土地を地主から借りて太陽光パネルを設置する賃貸型と土地を購入して設置する購入型があります。

賃貸型のメリットとしては、土地を購入する費用がかからないため、初期費用が安くなること、土地の賃借代も経費として参入できるため節税効果があります。

一方でデメリットとして月々の賃借代がかかること、借地契約が終了した後の更新手続きなどに手間がかかることがあげられます。特に田舎の土地は高齢者が所有していることが多く、20年後は相続が発生している可能性や、設置当時の不動産業者や太陽光発電業者が存在していない可能性もあり、借地契約の更新は容易にできない可能性もあります。

私はそれらのリスクを避けるため、購入型の太陽光発電を探していました。当然、購入型の方が初期費用のかかる分、利回りが低下します。しかも、太陽光発電がブームとなり、それまで二束三文だった田舎の土地が高騰していました。

一般的に太陽光発電を設置する土地の地目は山林や雑種地です。農地には設置できません。また、農地は基本的に農家以外が購入することができず、もし農家以外が購入する場合は農業委員会に申請をして許可を得なければなりません。同時に農地から雑種地に変更しなくてはならず、初めから雑種地を購入するよりかなりの手間がかかります。

一方で農業人口の減少で、休眠状態の農地は多くあり、雑種地より安く手に入ります。そこで私が狙ったのが農地です。幸い、太陽光発電の販売業者の不動産知識が豊富で、必要な手続きをすべてやってくれたので、私は特に手間もかからずに安く土地を取得できました。

◎費用一覧

・土地代　２３５万円
・太陽光発電設備一式・設置工事代　１５６５万円
・東京電力連結工事代　38万円
・メンテナンスパッケージ初期費用　20万円

35 太陽光発電をする上での注意点

まず一番重要なのは太陽光発電を設置する業者が信用できるか確認することです。

太陽光発電には2012年の全量買取制度が始まって以来、新規参入する業者が相次ぎました。しかし、売電価格の低下や、法律の改正、電力会社の出力制限など、逆風が相次ぎ、2014年以降撤退する業者も増えました。私の周りにも、太陽光発電を申し込み、頭金を支払ったが、結局、業者が撤退して太陽光発電が完成せずに、頭金も戻ってこないなどのトラブルに合うケースが多発しました。

したがって、太陽光発電を設置する業者の選定基準としては、設立が2011年より前であること、資本金が1億円以上であること、過去の工事実績が豊富にあることなど十分に調べることが重要です。

太陽光発電設備は今後少なくとも20年以上は稼働するので、トラブルが発生した際に工事業者が存在していないとメンテナンスをしてくれる業者を探すのも大変です。

次に重要なのが実際に電力会社と連結して売電を開始できる時期です。特に節税目的で購入する場合は、決算の締め日までに工事が完了していないと、経費計上できないため、注意が必要です。

私の場合は茨城県の東京電力に申し込みをしてから実際に売電開始するまで1年もかかりました。特に茨城県は太陽光発電の申請が多く、東京電力の作業が追いついていないようです。

連結日が確定していない物件だったため、大幅に遅れてしまいましたが、節税目的の方は電力会社との連結日が確定している物件が確実です。連結日が近ければ近いほど、金額が高くなる傾向がありますので、節税目的でない人はじっくり探した方が良い物件が見つかる可能性があります。

いずれにしても、十分に時間に余裕を持って物件を探すことを心がけてください。

36 太陽光発電投資のタイムリミットは迫っている

先ほどから何度も記述している通り、太陽光発電の売電価格は年々低下しています。

そして、来年度からはさらなる価格低下も予想され、いずれは固定買取の制度自体が終了してしまう可能性もあります。

売電事業者や販売事業者へのルールも年々厳しくなりつつあり、それらに対応するため、今よりも販売コストが高くなる可能性もあります。

いずれにしても太陽光発電への投資が事業として成り立つのは後数年がタイムリミットでしょう。

ご存知の通り、太陽光発電の売電価格の原資として電力利用者全員が「再生エネルギー発電割賦金」という負担をして賄われています。

この負担金は年々増加しており、国民からの不満も出ています。電力の購入単価より、売電単価の方が高いというのは明らかに、異常な状態です。長続きするはずがありません。

第4章

これから人口が増えて発展する国へ【海外不動産投資】

37 今後人口が増えていく有望な国は?

日本は既に人口減少時代に突入し、今後確実に賃貸需要が減少していきます。需要が減少すれば、空室も増え、不動産の価格も下落することになります。

一方で海外に目を向けるとこれからもまだまだ人口が増え続けていく国もあり、人口が増えれば当然、不動産の需要も高まり、価格が上昇していていきます。

また、資産の分散という意味で日本国内の不動産だけではなく、海外資産と外貨を獲得する術を持っておくことで、日本円や、日本という国自体が何らかの危機にさらされたときでも、生活の基盤を移すことも可能です。

次ページに世界の人口推計をグラフにまとめました。グラフを見ればわかる通り、世界の人口は２１００年まで、増え続けています。次に国別の人口を見てみると、２０１５年の時点では中国とインドが突出していますが、２１００年までの人口の増減を見てみると、中国の人口は大きく減少し、インドが世界一となっています。

一番下のグラフからは省きましたが、実はアフリカ勢の増加が目立っています。人

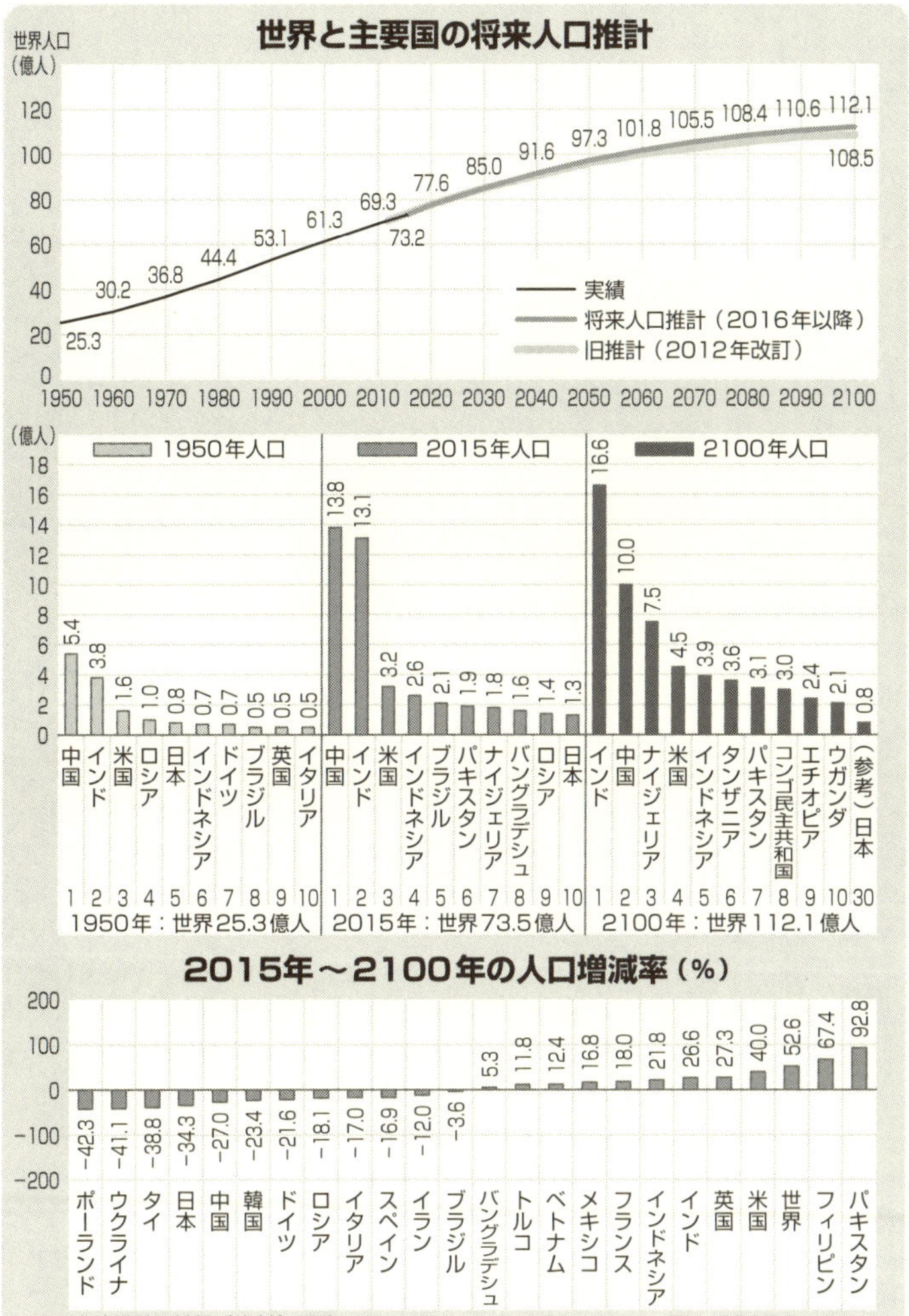

注：中位推計の結果（資料）国連、World Population Prospects：The 2015 Revision
出典：国連：最新版「https://esa.un.org/unpd/wpp/publications/files/key_findings_wpp_2015.pdf」

口の増減率を見てもトップ4をアフリカ勢が占めています。

しかし、不動産投資先という観点でみると、政治的リスク、治安リスク、通貨リスクの観点からは不安が残ります。そこで、人口増減率トップ10のうち、アフリカ勢を除いた3ヶ国に注目してみましょう。

第1位　パキスタン
第2位　フィリピン
第3位　米国

38 これから期待されるパキスタン

まずは第1位のパキスタンですが、2013年6月に第3次ナワーズ・シャリフ政権が誕生し政治・治安が安定したこと、政策金利が42年ぶりの低水準であることから、値上がりが見込める不動産への人気が過熱しています。

不動産会社ザミーン・ドットコムが公表している住宅販売価格指数によると、カラチの住宅販売価格は２０１１年１月時点に比べて２０１６年２月の時点で３・６倍になっています。

消費者物価指数は５年間で１・４倍になっていますが、それに比べても早いスピードで住宅価格が上昇しています。特に外国人駐在員の多い「ディフェンス・エリア（ＤＨＡ）」と呼ばれる治安の良いエリアは人気が高く３・９倍になっています。

海外で不動産を購入する上で重要なことは、外国人の不動産の所有が法的に認められているかということです。国土交通省が運営する「海外建設・不動産市場データベース」によれば所有権は「パキスタンでもっとも一般的な権利がある。個人・法人にかかわらず自由保有地を取得できる。共有地は慣習法に従い認められる」とあり、「外国人の土地の購入はパキスタン政府の許可が必要」とあります。

また、土地・不動産の登記については「パキスタンの自由保有地は、家系によって代々継承されていることが多く、登記も滅多に行われていない。法律によって義務づけられているが、手続きの複雑さ、法の抜け道も多くあり、登記への反応が鈍い」とあります。

外国人が不動産を取得し権利を保全には不安が残ります。このあたりは現地で信頼できる不動産エージェントや弁護士、司法書士などが代理で確実に権利の保全をできる仕組みがあれば安心なのですが、私が調べた限り、これらを日本人向けに代行するサービスは見つけることができませんでした。

また、現地の不動産に関する日本人向けホームページもほとんどなく、日本人が購入するにはかなりハードルが高そうです。しかし、今後これらの整備が進めば注目の国であることは間違いありません。

39 アメリカで狙い目の地方都市

次に第3位の米国です。米国の不動産価格の推移を表す指標として、もっとも標準的なのが「S&Pケースシラー全米価格指数」です。全米の住宅用不動産価格の推移を総合した指数であり、2000年1月の価格を100として算出しており、1999年以前の数値も遡って計算されています。

1975年1月の数値は25・2最新の2016年5月の数値は180・7となって

おり、41年で約7・17倍になっています。ケースシラー全米価格指数の最高値は、サブプライムローン問題が表面化する前の2006年7月の184・6ですが、その後、リーマンショックを経て、価格が低下し、2012年2月に134・02で底を打ちました。

現在は過去最高値にせまるところまで回復しており、人口の増加とともにさらに上昇していく可能性が高いと考えます。しかし、不動産投資先と考えると、人気のある主要都市は既に利回りがかなり低下しており、現金で購入しない限り、月々のキャッシュフローはほとんど出ない状態です。特にニューヨークは既に利回りが2〜3％になっているため、現金購入しても運営経費を差し引くとマイナスのキャッシュフローになることさえあります。

そこで私が注目しているのが、米国地方都市の不動産です。

例えば、テキサス州プレイノは北米トヨタの本社の移転が決まっており、今最も注目されている都市の1つです。トヨタの他にもＩＴ大手のＨＰの本社やデパート大手のＪＣペニーの本社などもあります。

２０１５年には損害保険大手のリバティ・ミューチュアルもボストンからの本社移転を決めており、大企業の本社勤務や管理職レベルの所得の高い人たちの人口が増え

アメリカの不動産価格の推移

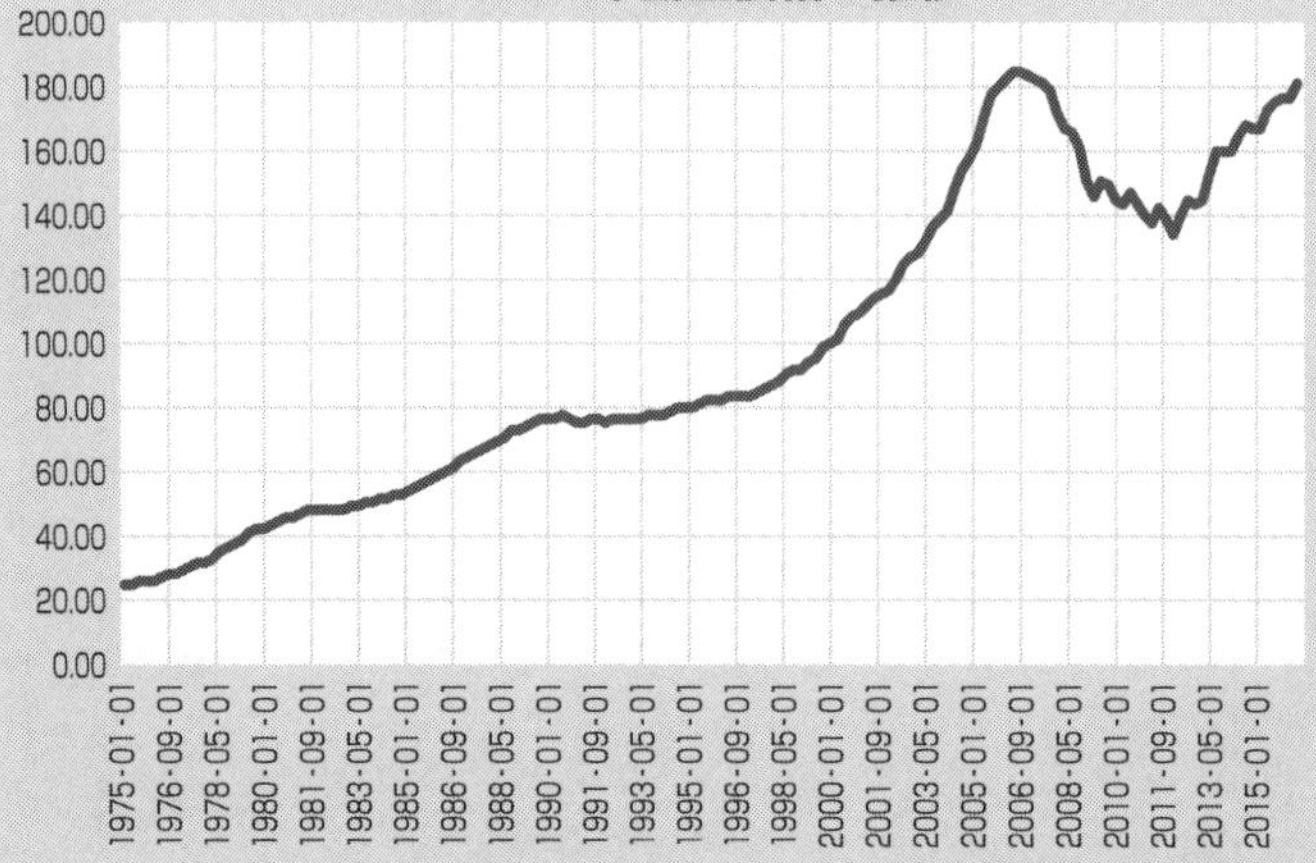

出典：S＆Pケースシラー全米価格指数「https://fred.stlouisfed.org/series/CSUSHPINSA」よりデータをダウンロードしてグラフは自作

ています。不動産価格もこの1年で12％も上昇するなど国内外の投資資金が流入しています。

狙い目はタウンハウスと呼ばれる一部の壁を隣と共有しているような戸建て物件です。タウンハウスは流動性が高く、売りに出すとすぐに買い手が見つかるのも魅力です。価格は20万ドル程度から購入できます。

アメリカではインターネットの不動産ポータルサイトが日本よりさらに発達しており、いろいろな情報を得られます。例えばＴｒｕｌｉａ（http://www.trulia.com/）では、その地域の不動産の平均的な物件価格推移はもちろん賃料の価格推移、周辺の犯罪率や学区内の大学進学率

プレイノの住宅価格の推移と予想

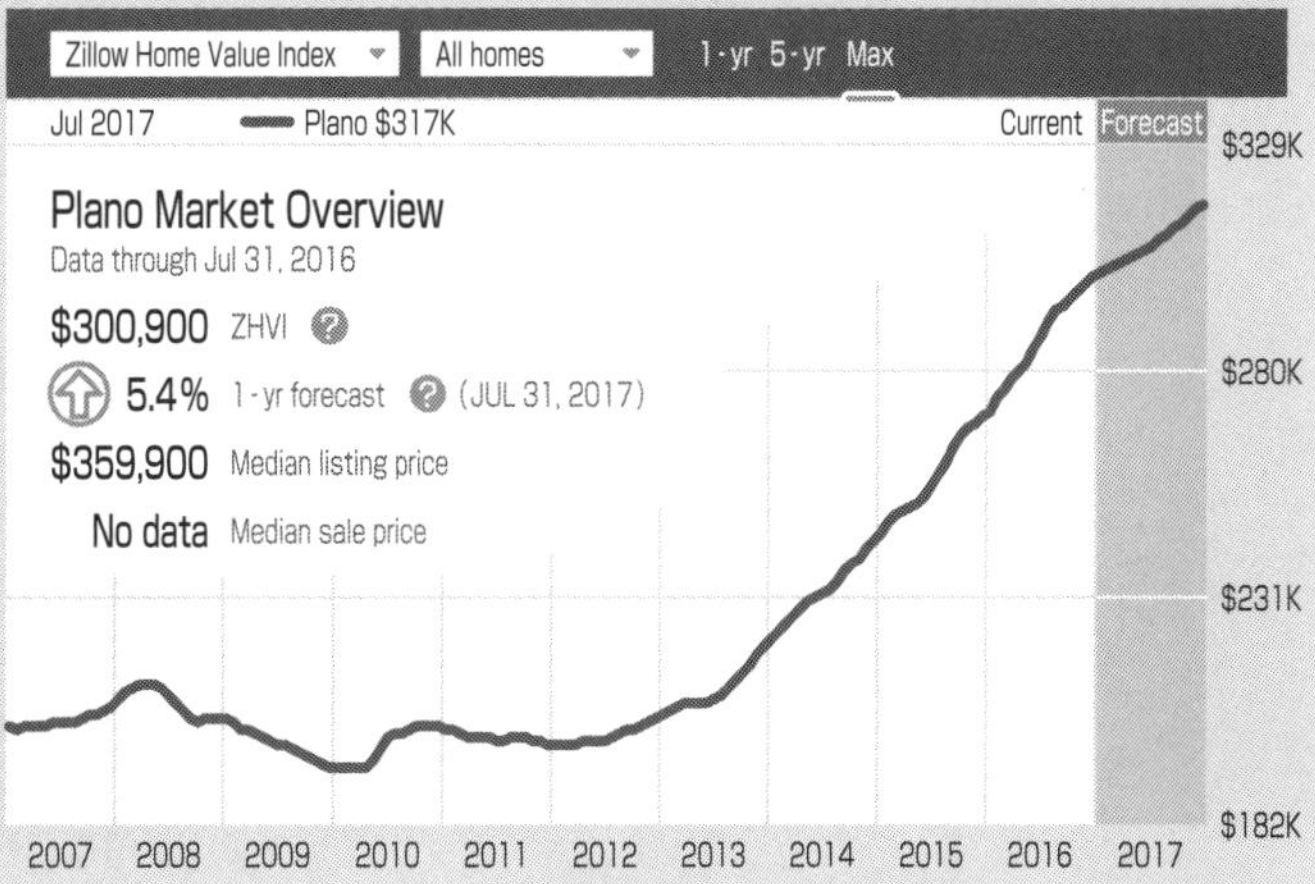

出典：Zillow「http://www.zillow.com/plano-tx/home-values/」

などの学校レベル情報、その物件の過去の価格の履歴まで確認できます。Ｚｉｌｌｏｗ（http://www.zillow.com/）では地域ごとのや物件価格のインデックスをグラフにして表示し、この地域のマーケットの過熱感、今後の価格の予測まで確認できます。

これらのサイトを使えば自分で物件価格の相場やトレンドを知ることもできるため、現地の業者にだまされることもありません。また、アメリカはお金のやりとりと物件の受け渡しをエスクローと呼ばれる第３者機関を通して行われるので詐欺などにもあいにくく安心して取引ができます。

40 節税しながら売却益を得られる米国不動産

日本の場合は法廷耐用年数の考え方により、木造であれば22年で価値がなくなってしまいますが、欧米諸国の場合は、築年数が経過するごとに価値が出て、価格が上昇する傾向があります。

また、国内居住者が海外不動産を所有する場合でも日本の税制で申告することができます。

法廷耐用年数を経過した資産の償却年数は法廷耐用年数の20％に相当する年数となるので、木造の場合22年×20％＝4・2→4年で償却することが可能です。

これを利用すると所有期間は減価償却をしながら節税し、出口で売却益も狙える可能性があるのが米国不動産なのです。

現時点でまた、私は米国不動産を所有していませんが、今後チャンスがあれば是非検討したいと思っている有望な投資先です。

41 アジア随一の伸び率が魅力のフィリピンのコンドミニアム

最後に第2位のフィリピンです。

実は私も2011年より注目し、実際に投資も行ってきました。一昔前のフィリピンはとても貧しい国で、スラム街の多いイメージでしたが、実際に行ってみて発展ぶりに驚きました。特にマニラのマカティ中心部は「フィリピンのウォール街」と称され、日系企業や外資系の大手企業や、金融機関が集まるビジネスの中心街となっています。

街並みはフィリピン№1ディベロッパーの「アヤラランド」が街ごと開発しており、先進国以上に美しく洗練されています。

フィリピン経済は内需の力強さにより好調で、GDPは年率6~7%とアジアでも随一の伸び率を誇っています。実際にショッピングモールに行ってみると、平日でも現地の人たちで溢れており、景気の良さを肌で感じることができます。

不動産価格も上昇しており、国際的なリサーチ会社コリラーズインターナショナルの調査によると、マカティCBDと呼ばれるマカティの中心部の土地は、2000年に平米単価20万ペソほどだったのが、2016年には60万ペソと約3倍になっています。

価格推移は好調ですが、ここ数年でかなりのコンドミニアムが建設されたため、空室率も伸びており2017年には12%前後になると予想されています。これは物件の供給がやや過剰状態になりつつあることを示しており、需要とのバランスも注意して見ていく必要がありそうです。

フィリピンの場合、外国人または外資の資本比率が60%以下の法人は土地の所有が認められていませんが、コンドミニアムの所有は認められています。

通常、コンドミニアムはプレビルドと呼ばれる方式で売りに出されます。プレビルドは翻訳すると「建設前」という意味です。日本ではなじみがうすいですが、東南アジアをはじめ、海外では一般的に見られる方式です。

建設前に販売をするという意味では日本でもマンションの販売でよくあるのですが、違いはその支払い方法にあります。日本の場合は契約時に頭金として約10%を支払い、完成後引き渡し時に残額すべてを支払います。しかし、プレビルドの場合、月々

マニラ主要都市の不動産価格の推移

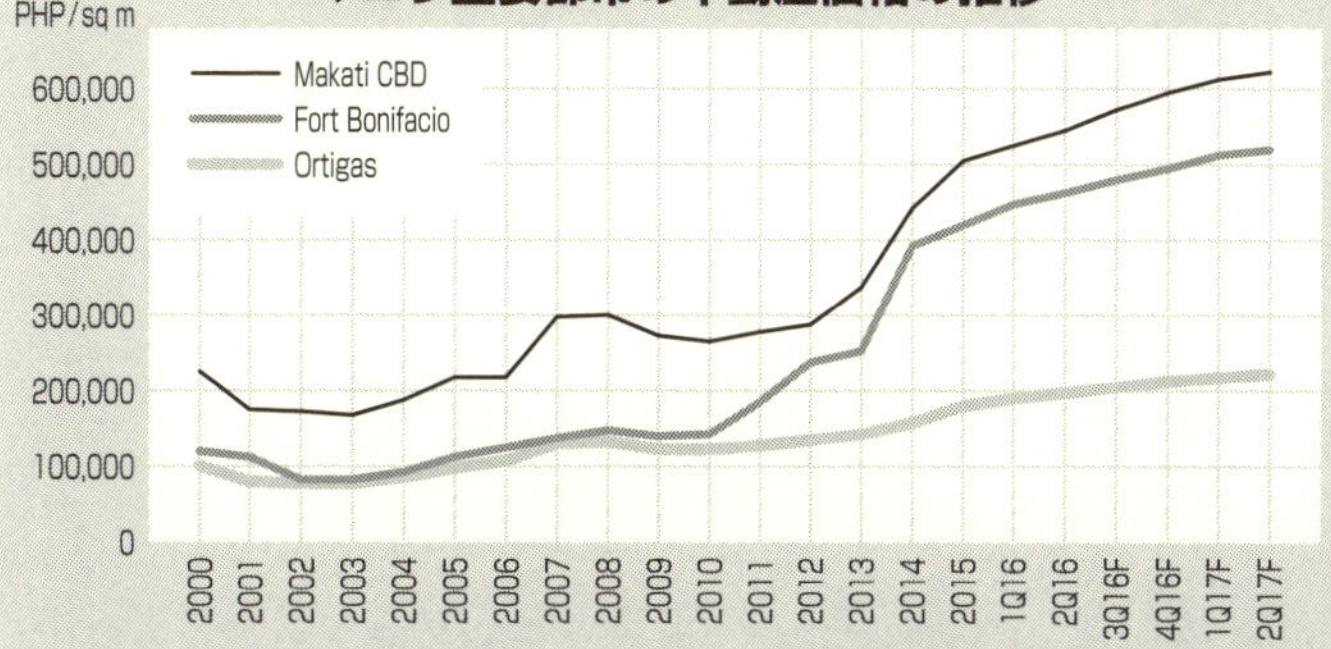

マカティCBDの空室率推移

Makati CBD Comparative Resi. Vacancy Rates (%)			
GRADE	1Q 2016	2Q 2016	2Q 2017F
Luxury	8.33	9.79	11.90
Others	9.76	10.41	11.84
All Grades	9.58	10.33	12.29

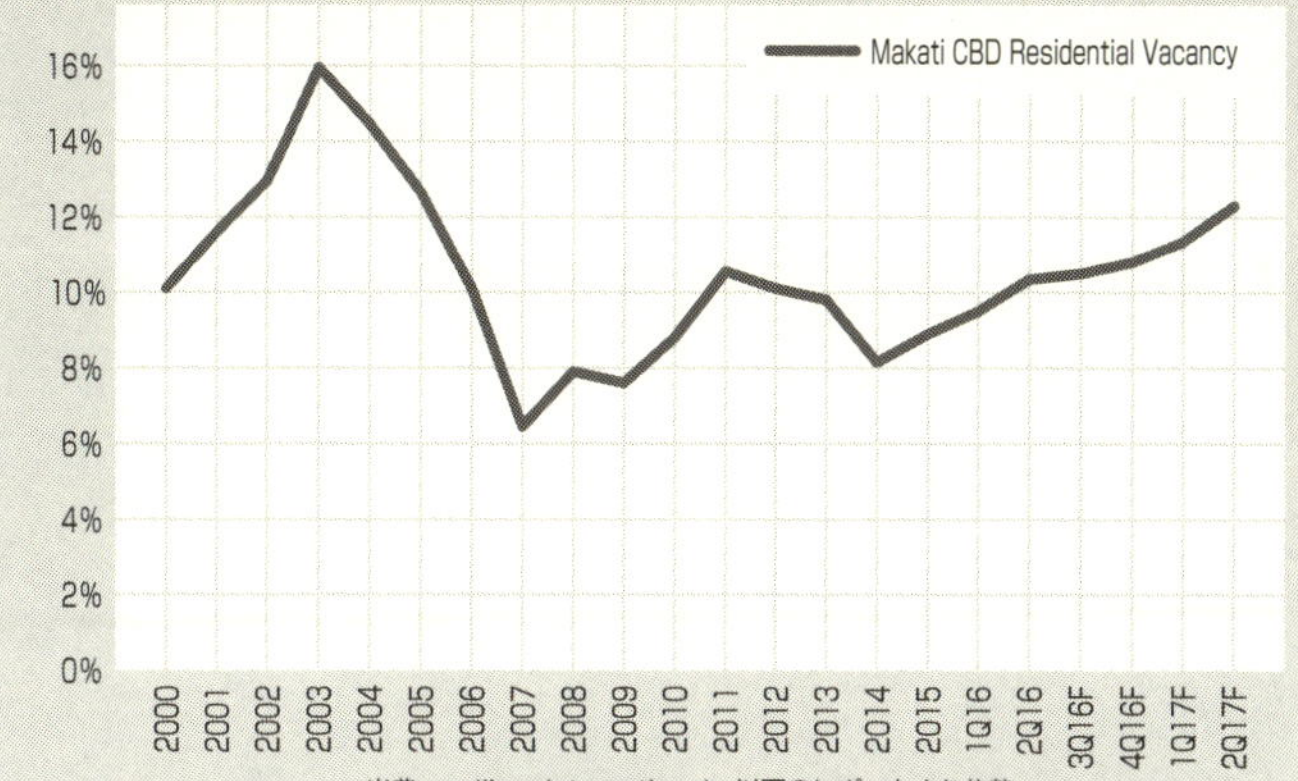

出典：colliers international：以下のレポートより抜粋
「http://www.colliers.com/-/media/phil_knowledge_2q2016.pdf」

42 海外不動産も立地が命。狙い目は？

少額のお金を完成までの間に支払い続けていきます。通常、プレビルドの販売が開始されてから物件が完成するまで3～5年程度かかるため、その間にどんどん代金を積み立てていくイメージです。そして、完成時に残額を支払います。

プレビルドのメリットとしては、まとまった資金がなくても、月々の少額な積立で不動産を所有できることです。

また、フィリピンでは基本的に不動産価格は上昇していくため、完成する頃には物件価格の値上がりも見込めます。

逆にデメリットは完成までに時間がかかること、途中でディベロッパーの倒産やプロジェクトが頓挫して、物件が完成しないリスクがあることです。

フィリピンのプレビルド物件については5年前より4戸投資してきましたので、実際にどうなったか、後ほど詳しくお話ししたいと思います。

ここまで、これから有望な国と地域を挙げてきましたが、その地域に物件を買えば何でも良いかというと、当然そんなことはありません。

日本国内の不動産でも、どの都道府県、どの市町村、さらにその中でも賃貸需要がある地域かどうかは、購入前に調べる必要がありますが、海外の場合も同様です。立地は購入後絶対に自分で変えることができないからです。

特に海外の場合は、開発されていない広大な土地が多く、今後の開発が期待できる場合があります。

もちろん、大規模に開発されれば、土地の価格も大幅に上昇するかもしれません。しかし、今後の開発を期待して購入するのは避けた方が良いでしょう。

その理由ですが、まずその開発が本当にされる保証はありません。海外、特に新興国の場合は、計画の変更もよくあることです。詐欺のケースもあります。また、本当に開発がされたとしても、街が完成して、価値が上がるまで大変時間がかかります。

そして、リゾート地の物件も避けた方が良いでしょう。日本でも昔、熱海や草津などの温泉リゾートで別荘やセカンドハウス用のマンションが多く分譲されました。しかし、今では人気がなくなり、当時の10分の1の値段でも買い手が見つからなくなっています。リゾート地は流行り廃りが激しく、人気がなくなると一気に価格が下落します。

また、海外では、リゾート地にコンドミニアムを建てて、ホテルとして運用するような案件もあります。こういう案件も避けた方がよいでしょう。

ホテルの運営は長年運営してノウハウを持っている大手ホテル会社でも、広告費に多くの費用をかけ、それでも苦労しているところがたくさんあります。

いくらリゾート地の立地とはいえ、簡単に成功するものではありません。そういう案件は「1年に7日間無料で宿泊できます」というような特典を付けて、販促していますが、だまされないようにしてください。

日本国内の不動産もそうですが、最も安定しているのは、ビジネスやショッピングなどの利便性が高く、実需が強いエリアです。

東京都心や先進国でそのようなエリアで物件購入するのは、かなりハードルが高いですが、新興国の都心部であれば、まだまだ安いです。

今後、その国の発展とともに物価が上がれば、そのような物件も確実に値上がりします。海外で投資するからこそ、冒険せずに固い立地の案件を狙うことをお勧めします。海外では日本のように自分で現地に行って、空室対策や客付け業者への営業も簡単にはできません。

43

海外不動産にもフルローンで融資をする国内の金融機関

海外不動産に投資する際に大きな障害になるのが、資金調達です。もちろん、現金が豊富にあれば、資金調達する必要はないですが、現金で投資をすれば資金効率が悪くなります。

しかし、一般的に日本人が海外不動産を現地の金融機関で借りるには、審査のハードルが高く、たとえ融資を受けることができても、頭金の比率が高かったり、調達金利が高くなったり、融資期間が短いなど不利な条件での融資となる場合が多いです。

一方、国内の民間金融機関は、担保として取りづらい海外不動産への融資には消極的です。

そんなときに頼りになるのが、政府系金融機関である「日本政策金融公庫」通称「公庫」です。公庫は民間金融期間を補う形で作られた金融機関で、民間金融機関が融資しないような案件でも融資をしてくれる場合があります。最近では海外不動産投資への融資も行っています。

公庫のメリットは何といっても、全期間固定の低金利です。私も、様々な用途で融資を受けていますが、平均の融資金利は全期間固定で2％を切っています。

また、無担保融資の制度があり、一人当たり2000万円まで担保なしでも借り入れることができます（夫婦は同一とみなされ、融資を受ける人の属性が基準に満たない場合は融資を受けられないことがあります）。

44 現地パートナーは必須。ただし日本人をカモにする日本人に注意

海外不動産を行う上で最も重要なことは、投資する現地に信頼できるパートナーが存在するかどうかです。特に海外の場合は、簡単に現地には行けないため、基本的な管理業務はすべて現地のパートナーに任せる必要があります。

また、トラブルの対応や、修理、修繕など責任を持って、適切な金額で施工してくれるかどうかは、長い目で見てとても重要です。

私は仕事の経験上いろいろな国の方と仕事をしてきましたが、日本人に勝るサービ

スレベルで仕事をしてくれる外国人はなかなかいませんでした。

また、言葉の問題もありますので、できれば、現地に住んでいる日本人のパートナーがいれば安心です。

しかし、ここで気を付けなければならないのが、海外に住みながら日本人をカモにする日本人の存在です。

日本人は日本人というだけで、安心して信用する傾向にあります。その心理を利用して、現地の相場を知らない日本人に法外な修繕費用を請求したり、悪質な場合は料金を請求しているにもかかわらず、修繕してないケースもあります。

私の場合はたまたま現地に行く機会があったため発覚しましたが、現地に来ないで気付いていないオーナーはたくさんいることでしょう。

現地のパートナーを探す上で一番安心できるのは、すでに現地で投資をしている人に紹介してもらうことです。

もし、信頼できるパートナーが見つからない場合は、その地での投資を諦めても良いくらい、投資をする上で重要な要素といえます。

45 不動産の価格変動より為替の変動の方が大きい

国内の不動産を購入する際は、不動産価格のみに注力すればよいですが、海外不動産の場合は、大きな変動要素として為替が関わってきます。

例えば10万ドルの不動産を購入する場合、1ドル120円であれば、1200万円ですが、1ドル100円であれば1000万円です。

これは実際に2016年の1月から6月までのたった6ヶ月間で実際に変動した価格です。実に半年間で約20％も安くなったことになります。

一般的に不動産価格が半年で20％も変動することはほとんどありません。したがって、海外不動産を購入する際は、為替相場に注視し、円高になったときに購入することがとても重要です。

今後の為替を予想することは難しいですが、2000年以降の為替相場を見ると、1ドル75円～134円のレンジで動いており、平均値は105円。過去のデータから見れば、1ドル105円以下のときに購入すれば、割安で取得できているといえます。

46 実際に投資してみてわかった海外不動産投資の真実

ここからは、私が5年前より、実際にフィリピンの不動産に投資をしてみてどうなったか包み隠さずお話ししたいと思います。

私が購入の契約をしたコンドミニアムは全部で4戸です。そのうち、セブ島に1BRが2戸、マニラのマカティに1戸、マカティ市内に隣接するマンダルヨン市に1BRが1戸です。

すべての物件がプレビルドの物件でセブ島のコンドミニアムが2014年の3月、マカティのコンドミニアムが2015年の4月、マンダルヨンのコンドミニアムが2014年の3月頃の完成予定でした。

私がフィリピンの不動産に興味を持ったのは、2011年で、当時は1ドル80円を割り込むなど、歴史的な円高だったタイミングで知り合いからフィリピン不動産セミナーの案内があり、興味本位で参加したことがきっかけでした。

そのセミナーでは先ほど私があげたフィリピン不動産がこれから投資先として有望

であるという説明とプレビルドによる分割支払いによる仕組みの説明がありました。

その説明の中で私が魅力的だと感じたのが、過去のデータから年間8％前後の値上がりが見込めるため、4年後の完成時には1・3倍くらいの値段で転売が見込めることと、月々数万円積み立てていくため、完成時には支払いが残り半分となり、半分の金額であれば現地の金融機関から借入が可能という説明でした。

そして、私は現地を見てから判断しようと現地に行くことにしました。

47 想像以上に発展していた首都マニラ

フィリピンに行ったのはこれが初めてでしたが、首都マニラの街並みには驚きました。特にマカティの中心部は高層ビルと高層コンドミニアムが立ち並び、ショッピングモールには高級ブランドが並んでいました。周辺には5つ星のホテルもあり、先進国と比べても遜色がないレベルです。

そして、私が購入の検討をしていたコンドミニアムのモデルルームにも足を運びました。モデルルームは日本のマンションのモデルルームのように豪華なつくりで、完成予想CGムービーの放映も行っていました。そこには多くの国から投資家が来ていて、熱気に包まれていました。

高度成長期やバブルの頃を経験していない世代の私にとっては、日本では感じたことのない雰囲気で、将来性にはかなりの可能性を感じました。これは実際に現地に行かないと分からない感覚だと思います。

このコンドミニアムを建設しているディベロッパーは建設予定地に合計5棟のタワー型のコンドミニアムとショッピングモール、プールとジムを併設する計画です。

私が、購入を検討していたコンドミニアムはその内の1棟目なので、もっとも安く購入でき、既に8割ほど販売済みということでした。しかし、実際にそのコンドミニアムの建設予定地に行ってみると、まだ、工事も始まっておらず、周辺も何もない状況でした。

ただし、川を渡った対岸にはマカティで最も人気があるロックウェルという地域があり、その地域のコンドミニアムと価格を比較すると3割くらい安い値段でした。私は迷ったすえに、購入を決断し、バケーション目的でセブ島に向かいました。

48 セブ島のタワー型コンドミニアム

セブ島は日本人にも人気のあるビーチリゾートです。

インターネットで検索するとセブ島のコンドミニアムを扱う、現地の不動産会社が見つかり電話してみました。現地の不動産エージェントがすぐにホテルまで迎えにきてくれ、すでに完成済みのコンドミニアムとこれから販売予定のプレビルドのコンドミニアムのモデルルームに案内してくれました。

セブ島の物件は、マニラで見た物件ほど豪華さはありませんでしたが、その分割安に感じました。特に、モデルルームで見た物件はセブ島のビジネスの中心であるアヤラセンターから徒歩数分に建設予定で立地は抜群の物件です。ディベロッパーもフィリピンの№1であるアヤラグループなので安心です。アヤラセンターには大きなショッピングモールも隣接しており、数年後には倍の規模に拡張される予定です。

気になる価格ですが1ＢＲ（55平米の1ＬＤＫ）の間取りで、当時のレートで約1000万円です。建物はタワー型のコンドミニアムでプールとジムも完備されていて、グレードも高い物件でした。私は物件をとても気に入り、1BRを2戸契約しました。というのも、将来的に不動産投資でセミリタイアした後に、自分で住んでもいいと思える物件だったからです。日本ではまずこの価格で購入できない立地とグレードの物件で、現地の他の物件と比較しても割安に感じました。

その後、帰国後にマカティでコンドミニアムをホテルとして運用する案件にも投資し、合計4戸のフィリピンコンドミニアムに投資したことになります。

海外投資先をフィリピンだけに絞ったのは、もちろんフィリピンの将来性に可能性を感じたこともありますが、国を分散すると、管理が大変になることと、例えば、日本で危機が発生した場合に、第二の生活拠点とするために現地通貨である程度の家賃収入が必要と考えたからです。

49 円安になると支払い負担が増加

私がこれらの物件を契約した2011年当時は1ドル80円台で、1戸当たりの月々の支払いは数万円でしたが、その後、徐々に円安となり、支払いの負担が増えていき、月々の支払いは全部合わせると40万円を超えるようになりました。

私は既に国内不動産からキャッシュフローがあったため、支払い続けることができましたが、途中で払えなくなってしまう人もいるそうです。

また、これだけの積立ができれば、国内不動産を追加でさらに購入する頭金にもなっていたため、もう少し早く国内の不動産規模を拡大できたかもしれません。

さらに、円安になれば、最後の支払いの金額の負担もふえていきます。しかし、完成時の転売益も大きくなるためそれを期待して払い続けました。

50 完成予定の時期が延期になることは珍しくない

そして、いよいよ完成の時期が近づいてきました。

最初に完成が予定されていたのがセブ島のコンドミニアムです。2014年の3月頃に完成予定でした。しかし完成予定の数ヶ月前にディベロッパーより連絡があり完成が11月頃に延期になるとのことでした。当然、最後の残金の支払い時期も延期になると思いましたが、それでも支払いは予定通り3月にして欲しいと通知してきました。

日本では残金の支払いと物件の引き渡しは同時に行いますが、フィリピンではそういうルールはないようです。それでも、私は納得がいかず、ディベロッパーと直接交渉したところ、支払いを11月まで延期してもらえました。

その間に現地の金融機関に融資の打診を行いました。しかし、審査をするまでもなく面談の段階でNGと発覚しました。というのも、フィリピンの金融機関には投資用の不動産への融資制度がなく、マイホームのローンのみしか扱っていません。

その審査は収入とローンの返済比率を見るだけで、既に個人名義で住宅ローンと投資用の不動産ローンを受けていた私は、審査の土台にものりませんでした。

この結果には本当にあせりました。残金の支払い金額は円安の影響で1400万円ほどありました。すでに半分支払っているため担保価値を考えれば、残金は容易に融資を受けられるとタカをくくっていたからです。

幸い資金の目処が立ち、残金を支払うことができましたが、不動産会社の言うことを鵜呑みにせずに、最初に自分で金融機関に確認すべきだったと反省しました。

結局、セブ島の物件の引き渡しを受けたのは2015年の2月でした。支払いと引き渡しも同時ではなく、残金の支払いをした後に、引き渡し可能な日程の連絡が来ました。先に代金を全額支払うのは不安でしたが、フィリピンがそういうルールなのでしかたがありません。

物件の引き渡しの前には、日本のマンション同様、内覧の時間があり、ディベロッパーの立ち会いのもと、室内に不都合がないかの確認を行いました。

日本と違うのは、職人が常駐し、不都合が見つかるとその日のうちに直してくれます。幸い、大きな不都合も見当たらず、その日のうちに鍵の引き渡しを受けました。

コンドミニアムのクォリティも思っていた以上に高級感があり、本当に自分が住んでもいいと思えるレベルでした。これら、2戸のうち1戸は購入価格より1割高い値段で売りに出し、1戸は利回り12%の賃料で賃貸募集を開始しました。

51 賃貸市場と中古市場が未成熟なフィリピン

日本の場合、入居者を募集する場合や、物件の売却をする場合、不動産流通機構（レインズ）と呼ばれる、不動産業者が自由にアクセスできるデータベースに登録し、賃貸希望者や購入希望者を広く募集できる仕組みがあります。

また、ＳＵＭＯやＨＯＭＥＳなどの不動産ポータルサイトの発達や、エイブルやアパマンショップなどの客付け専門業者もあり、賃貸経営をする仕組みができあがっています。しかし、フィリピンには共通のデータベースも存在せず、賃貸に特化したインターネットサイトや客付け業者も存在しません。私の場合は物件を購入したときに仲介してくれた現地の不動産エージェントに依頼しました。

しかし、購入希望者も賃貸希望者もみつからないまま3ヶ月が経過しました。状況を問い合わせると、既存のお客さんに紹介したそうですが、興味を持つ人がいなかったというだけで、ホームページなどに物件の掲載もされていません。特にアドバイスもくれるわけではなく、ほとんど放置状態です。

私はこの業者だけに任せておくことに危機感を覚え、他の業者を探し始めました。インターネットで探すと、日本人向けにセブ島の不動産を販売している日本の会社のホームページを見つけました。問い合わせてみると、客付け経験が豊富なようで、いろいろとアドバイスをしてくれました。

たまたま、この会社の代表の方が東京に戻ってきた際に、実際にお会いする機会もありました。見た目もきっちりとスーツにネクタイで信頼できそうな風貌です。

この方が言うには、フィリピンの高級コンドミニアムを賃貸するのはほとんどが、現地に来ている外資系企業の駐在員なので備え付けの家具は必須であること。また、その内装のレベルによって、同じコンドミニアムでも2割くらい家賃変動してしまうとのことです。

この会社では専属のインテリアデザイナーがいるので、高級感のあるオシャレな内装にすることができるとのことでした。私はこの会社に家具の設置の見積りを依頼しました。ただし、現地の家具の相場がまったくわからないため、念のため、いつもの不動産エージェントにも同様に依頼をしました。

できあがってきた見積りは前者の日本の会社の方が10万円ほど高いものでした。説明を聞くと、デザイナー料が高い分、良い家具を使っているとのことでしたし、内装代をケチると貸し出す家賃も安くなるというので、この日本の会社に依頼をすることにしました。

初めての取引で不安がありましたが、さすが日本人です。まめに進捗を報告してくれました。そして、内装工事が完了し、完成写真も送ってくれました。期待が大きかった分、内装はそこまでオシャレでもないと感じましたが、外国人が好む内装デザインということで納得しました。

また、設置したすべての家具・家電の写真はありませんでしたが、今までの対応の良さから、すっかり信頼しきっていたため、特に疑いもせずに、残金の支払いを済ませました。賃貸の募集もこのままこの業者にも依頼することにしました。

しかし、残金を支払ったとたん突然、メールの返信スピードが遅くなり始めました。現地の外資系企業に特化した仲介業者を紹介してくれると言っていましたが、言い訳ばかりでなかなか紹介してくれません。

結局、家具設置後、3ヶ月くらい経過しましたが、なかなか話も進まず、入居者も決まらないので、私が直接現地に状況を確認しに行きました。

52 シャワーのお湯が出ない、エアコンから冷風が出ない

セブ島での滞在は、せっかく自分で所有している家具付きのコンドミニアムがあるので、そこで滞在することにしました。

家具設置後初めて部屋に入りましたが、ソファーやベッドなども、それなりにしっかりしている物で安心しました。

ただ、室内が暑いので、エアコンをつけましたが、いつまで経っても冷風が出てきません。すぐに設置した業者にクレームを入れましたが、当然すぐには対応できません。仕方ないのでシャワーで汗を流そうとすると、なんとお湯が出ません。コンドミニアムに確認すると、給湯は各部屋ごとに給湯器を設置しなければいけないとのことでしたが、今回の家具・家電設置の対象から漏れていたようです。

その晩は、水のシャワーで暑さをしのぎましたが、暑すぎてほとんど睡眠はとれませんでした。ただ、人に貸してクレームになる前に自分が気付いて本当に良かったと思います。

次の日、近くのショッピングモールへ行き、給湯器を購入し、設置の手配をしました。他にも、家電のリストにはサムスンのエアコンの記載があったのですが、実際についていたのは、日本では無名のメーカーでしたし、洗濯機は高級コンドミニアムにはふさわしくない2層式のものが設置されていました。

あれほど高級感にこだわっていたのに、こんな安い家電を入れられてあぜんとしました。設置を依頼した業者にこれらもクレームを入れましたが、やはり、オーナーがわざわざ見に来ると思っておらず、価格の安いものを入れて、利益を上げていたのだと思います。

信頼していた業者に裏切られ失望しましたが、セブ島に来る前に別の業者にも問い合わせをして、アポイントを取っておきました。メールでやり取りした感じでは、かなり丁寧な印象で、期待が持てました。

実際に会ってみましたが、とても丁寧でオーナー目線でいろいろな提案をしてくれて、給湯器やエアコン、洗濯機の交換などすべて対応してくれることになりました。

ようやく、本当に信頼できる会社が見つかり、安心して帰国できました。

次の章で詳しく話しますが、その後、このコンドミニアムは彼らのおかげで稼いでくれる物件に生まれ変わりました。

53 損切りを決断したマニラのコンドミニアム

セブ島のコンドミニアムの見通しが立ち、ホッとしていましたが、マンダルヨン市のコンドミニアムの最終支払いの連絡も来てしまいました。この物件の仲介をしてくれた現地の業者に確認すると、まだ物件は明らかに工事中で、とても予定通り引き渡せる状況ではないということです。

ディベロッパーにそのことを問い合わせると、予定通りの引き渡し予定で、残金を支払った人から、引き渡しの案内をするとの一点張りです。しかも、支払いが遅れるとペナルティを科すと言い出しました。

私はセブ島の経験から交渉すればなんとかなると思いましたが、このディベロッパーはまったく応じる様子がありません。

前述しましたが、この物件は5棟あるうちの1棟目で、まだ周辺は何もありません。プールやジム、ショッピングモールも完成しておらず、恐らくそれらが完成するまでは借り手も見つからないでしょう。無理して支払ってもしばらくはまったく収入を得られる見込みがありません。

数年間寝かせておけば、環境が整い、借り手や購入者が見つかるかもしれませんが、そのために資金を投入するのであれば、その資金を国内の不動産投資に回した方が良いと判断し、損切りの決断をしました。

当初は完成時に1・3倍くらいで転売できると言っていた仲介業者に、購入希望者はいないかと確認したところ、購入価格の7割くらいであれば、売れるかもしれないということでした。

私はその金額でも良いから、購入価格希望者を探してもらう依頼をしました。というのもキャンセルしてしまうと、今まで支払った金額の半額しか戻ってこないからです。

しかし、7割の金額でも購入希望者は見つからず、泣く泣くキャンセルをしました。

私以外にもキャンセルをした人が多数いたようです。

54 これから海外不動産に投資するなら

正直いって、私のフィリピン不動産投資は現時点では失敗と言わざるを得ません。

しかし、これらの失敗経験と後述する現在セブ島のコンドミニアムで収益を上げる方法を生かせば、初めから成功できる投資ができそうです。

読者の皆さんにはぜひ私の失敗体験を生かしてもらいたいと思います。

まず、プレビルドの物件は購入すべきではありません。少額とはいえ、物件が完成するまではマイナスのキャッシュフローになります。

また、数年後の需要は予想が難しく、私が経験したように、7割の金額でも転売できなくなる可能性があります。完成時の残金の支払いも重くのしかかります。

私がおすすめするのは既に賃貸の需要がある中古の物件を、公庫を利用して購入することです。

また、私が損切りしたような完成間際のプレビルドの物件を安く取得できるのであれば、面白い投資ができるかもしれません。その際も、すでにある程度環境ができあがっていて、完成後すぐに貸せるような物件を狙うことです。もしくは、前述した米国テキサス州のような実需があり、今後も発展が期待できるエリアで既に入居者が付いている物件を公庫の融資を利用して購入するのも良いかもしれません。

いずれにしても、海外不動産だからこそ、冒険はせずに実需のある固い物件を安定運用することが海外不動産投資の鉄則です。

これから人口が増え、実需があるエリアであれば、今後確実に値上がりしていきます。

第5章

不動産業界に到来した黒舟　【Airbnb】

55 急速に広がるＡｉｒｂｎｂ

Ａｉｒｂｎｂ（エアービーアンドビー）とは宿泊施設・民宿と宿泊する場所を探している旅行者をマッチングするサイトです。宿泊施設の提供者は無料で施設を登録でき、予約が成立すると双方から手数料を徴収する仕組みです。

２００８年８月に設立され、現在は世界１９１カ国の３万４０００以上の都市で２００万以上の宿を提供しています。

Ａｉｒｂｎｂの名前の由来はエアーベッドアンドブレックファーストの略で、サイトの創設者が、自宅の家賃を払えずに、エアーベッドと朝食を用意して、自宅を旅行者などにシェアしてお金を稼ぎはじめたことがきっかけとされています。

Ａｉｒｂｎｂは自家用車をタクシー代わりにシェアするＵｂｅｒなどとともに、シェアリングエコノミーと呼ばれ、今最も注目されているビジネスモデルです。

日本でも２０１５年辺りから、マスコミに取り上げられはじめ、爆発的に登録施設が増えていきました。

56 パリで泊まったＡｉｒｂｎｂアパート

私がＡｉｒｂｎｂを知ったのは、２０１４年の春頃です。当時、勤めていた外資系企業で働く外国人の同僚に教えてもらいました。

その頃は、新しいサービスがあるんだなと思った程度であまり意識しませんでしたが、その年の6月にパリ旅行を計画して、ホテルを探しているときに、Ａｉｒｂｎｂを思い出しました。

というのも、パリのあるフランスは世界一の観光大国で海外からの年間の旅行者数は８４００万人を超えます。これは日本の4倍以上です。特に観光地の多いパリは人気が高く、慢性的なホテル不足になっています。

実際に私もホテルを探してみましたが、なかなか希望のホテルが見つからず、あっても既に満室か、とても高額な部屋しか残っていませんでした。

そこで、パリ滞在の半分をホテル、半分をＡｉｒｂｎｂで借りたアパートにすることにしました。

Ａｉｒｂｎｂのアカウント登録はメールアドレスとパスポートを登録するだけで簡単にできました。部屋探しも簡単で、希望の日程と利用人数、希望の地域を入力して検索するとたくさんの部屋が表示されます。

価格はホテルの部屋の倍くらいの広さがあるにもかかわらず、ホテルの半額くらいの金額です。キッチンや洗濯機など生活に必要な設備もあり、利便性も良さそうです。サイトには実際にその部屋に泊まった旅行者のレビューもたくさんあり、それらも参考にして部屋探しをしました。

気に入った部屋を見つけるとホスト（貸し主）に問い合わせをします。

私は気に入った2つの施設に問い合わせました。

その日程で利用可能かどうか？

価格はもう少し安くならないか？

と聞いてみました。

パリとは時差があるため、返信に少し時間がかかりましたが、そのうちの1つは既に予約が入ってしまったと連絡がありました。もう1部屋は利用可能だか、値引きはできないと返信がありました。さすが、パリのホストは強気です。

旅行まで日程があまりなかったので、この部屋に決め、クレジットカードで料金の支払いをしました。

予約を完了すると、ホストの電話番号とメールアドレス、施設の正確な住所が見えるようになります。ホストとは宿泊する日の15時にアパートの前で待ち合わせをしました。

当日、現地に行くとホストの友人という男性がアパートの前で待っていました。すぐに部屋に案内され、部屋の設備などの説明を受けました。そして、アパートの周辺を一緒に歩いてスーパーや駅への道順、おすすめの観光スポットやレストランも教えてくれました。

チェックアウトの時間は10時でしたが、帰りの飛行機の時間が夕方だと説明すると、飛行機の時間まで部屋を使ってよいと、とても親切な対応でした。その後も、部屋の設備の使い方がわからない場合も、メッセージを送るとすぐに返信が来て、とても快適な時間を過ごすことができました。

ホテルより安い上に、部屋は広く、設備は充実、しかも現地の人と交流もできるこのサイトは日本でも確実に流行ると感じました。

57 所有していた地方マンションの空室でＡｉｒｂｎｂ

Ａｉｒｂｎｂでとても満足のできる旅行ができた私は、自分でもホストの経験をしてみたくなり、所有していた地方の1棟マンションの1室で始めてみることにしました。

当時試しにその地域でＡｉｒｂｎｂ掲載物件を検索したところ同一市内には、登録物件が1つもありませんでした。登録物件がなければ、需要があるかないかもわかりませんでしたが、空室の部屋がいくつかあったので、需要がなかったら、家具付きで通常の賃貸として貸し出せばいいだろうという気持ちで始めてみました。

その部屋には賃貸のモデルルーム用として購入した、テレビ台、テーブル、ソファーなどが既にあったため、ベッドと寝具、ダイニングセット、家電などを追加で購入しました。インターネットやオークションなどで安く仕入れたため、初期費用も10万円くらいで収まりました。

さっそく家具家電を設置し、写真を撮ってＡｉｒｂｎｂのサイトに登録しました。

価格は1泊2名で約6000円、チェックアウト時に清掃費として2500円を徴収します。ゲスト1名追加ごとにプラス2000円で、最大で5名まで泊まれるようにしました。

ちなみにこの部屋は築35年のRCマンションの4階にある2DKの間取りでエレベーターもありません。建物自体は古いですが、室内はリノベーションしたばかりなので、比較的きれいな状態です。

普通に賃貸すると管理費込みで4万8000円です。清掃やシーツの交換などは2500円で外注しているので2名1泊すると6000円からAirbnbへの手数料3%を差し引いて、約5800円が利益となります。光熱費の負担も考えると、月の3分の1(10日間)稼働できれば、通常の賃貸と同じくらいの収入となります。

ゲストが5名であれば1泊当たりの収入は1万円を超えるので、さらなる収入アップも見込めます。

登録して数日後に初めての問い合わせが来ました。シンガポール人のゲストで2名の利用です。観光目的で1泊の滞在をしたいそうです。メッセージのやり取りは英語ですが、サイトには翻訳機能も備わっているため、スムーズにできました。

無事に予約も確定し、地図とチェックイン方法、おすすめの観光スポットなどを記載したメールをゲストに送付しました。私は東京に住んでいるので、当然、チェックインには立ち会えません。鍵もゲストがなくす可能性があるので、キーレスのナンバーロックに変更し、セルフチェックインできる仕組みにしました。

最初のゲストは特にトラブルもなく無事にチェックインできたと連絡がありました。お部屋も気に入ってくれたようで、次の日も泊まりたいと連絡がありました。そのゲストがチェックアウト後にとても良いレビューを書いてくれたので、その後は順調に予約が入っていきました。

季節にもよりますが、平均的な稼働率は8割ほどです。しかも、オープンした年の冬にはオーストラリア人の家族が半年間借りてくれましたので、半年間の稼働率100％です。

その間も問い合わせが多く来たので、同じマンション内にもう一部屋オープンすることにしました。そちらの部屋も韓国人の家族が地元の大学に研究員として通うとのことで約4ヶ月もの間借りてくれました。

Ａｉｒｂｎｂの知名度が上がるにつれて、ニュースなどでトラブルの事例などが放送されるようになりましたが、私の部屋ではトラブルはほとんどありません。ただし、近隣には迷惑がかからないように、室内で騒がないようにお願いしています。

唯一あったトラブルはゲストがレンタカーを敷地内の駐車場に勝手に停めてしまって、その駐車場の使用者が警察を呼んだことがありました。すぐに移動し、事なきを得ましたが、その後は駐車場についても指定場所以外に停めないように徹底してもらうと、駐車場のトラブルもなくなりました。

ほとんどのゲストはとても礼儀正しく、ホストに対してもとても気を使ってくれます。客という意識はあまりなく、部屋を貸してくれて、「ありがとう」とお土産まで置いていってくれるゲストもいます。この辺りは国ごとに国民性が出て、面白いです。

私もせっかく日本に来てくれて、自分の部屋を選んでくれているので、良い思い出をつくってもらえるよう、なるべくゲストの要望には応えてあげるように「おもてなし」の精神で対応しています。

その点が評価されて築35年のエレベーターもない物件でも、稼働率80％以上をキープできているのだと思います。

皆さんが気になるのが収支だと思いますが、1部屋当たりの売上げが年間約200万円です。普通に賃貸した場合は、駐車場代込みで約60万円なので、経費を差し引いても約3倍の収支です。

もちろん、ゲストとのやり取りは必要ですが、ほとんどが定型文のやり取りなので、よく使う定型文を保存しておけばコピー&ペーストで対応できることが多いです。

最近では、ゲストとのやり取りを代行してくれるサービスも登場していますので、忙しいサラリーマンなどはそのサービスを使ってみるのも良いと思います。

ただ、英語の勉強にもなりますし、ホストとして外国人と接するのも楽しいですので、まずはご自身でゲストとやり取りしてみるのがおすすめです。

Ａｉｒｂｎｂの面白いところは、賃貸用のアパートやマンションを所有していなくてもホストとして参入できるところです。

例えば、自宅の1室が空いていれば、ホームステイの形でその部屋だけを貸すこともできますし、一人暮らしの場合でも、ゲストの予約が入ったときだけ、家族や友人の部屋に泊まりにいけば小遣い稼ぎ程度なら十分な収入を得ることができます。

実際に、子供たちが巣立っていった後の空いている部屋をＡｉｒｂｎｂで貸し出して、世界中の旅行者を迎えるのが生き甲斐になっている老人もいるそうです。

最近では、Ａｉｒｂｎｂの知名度の向上の影響で日本人ゲストの利用も増えてきました。Ａｉｒｂｎｂのように安く泊まれる宿が増えれば、外国人のみならず、国内の旅行需要も増えて、地域経済にも貢献できるのではないかと思います。

また、地方では人口の減少問題が深刻です。にもかかわらず、相続税対策により、新築のアパートが増え続けています。今後は賃貸経営がますます競争が激しくなっていきます。そんな時代でも管理会社や客付け業者だけに頼ることなく、収益の仕組みを自らつくることは今後の賃貸戦国時代を勝ち残っていくにはとても重要なことだと思います。

58 東京の一等地銀座でカプセルホテルを運営!?

地方でのＡｉｒｂｎｂの運営に成功した私は、最も外国人需要のある都内でも運営を考えます。しかし、残念ながら、都内に一棟アパート・マンションは所有していないため、Ａｉｒｂｎｂに最適な区分マンションを探しました。

Ａｉｒｂｎｂで宿泊施設を運営する上で最も重要なのは立地です。特に利用者の9割以上は外国人なので、空港からのアクセスがよく、観光地やショッピングエリアに近いか、それらにアクセスが良い場所が人気です。

都内であれば、新宿、渋谷、銀座が特に人気があります。これらの駅周辺はもともとと人気があるので、物件価格は1ルームでも1000万円以上するものがほとんどです。

私は1000万円以下の物件にターゲットを絞って検索を始めました。そんなときに目に入ってきたのが、銀座の分譲マンションです。築が古く、広さも10平米と狭いですが、銀座アドレスにしては破格の値段で売りに出されていました。建物は有名な建築家が設計したもので、世界的に評価が高く、旅行者がわざわざ写真を撮りに来たり、映画の撮影などにも使われたりするほど人気があります。

Airbnbでその物件を検索してみると、既に2部屋掲載されていて、1泊の値段は約8000円ほどです。カレンダーで稼働状況を見てみると直近の1ヶ月はほとんど予約で埋まっています。しかも、そのうちの1部屋はAirbnbが選出する世界のユニークな宿40選にも選ばれている部屋でした。まさにAirbnbに最適な物件です。

私は、見つけたその日のうちに、内見をし、購入の申し込みをしました。

その後、この部屋を外国人が好きそうな「近未来の茶室」をイメージしてリノベーションを施し、1泊約1万円でAirbnbに掲載しました。同じ建物内の他の部屋より約2割高い価格設定です。強気の価格設定にもかかわらず、問い合わせが殺到しました。特に海外で建築を学んでいる学生やデザイナー、カメラマンからも問い合わせが多かったです。稼働率は9割を超え、利回りを考えると、運営経費を差し引いても30％を超えました。

しかし、この状態は長続きしませんでした。外国人の出入りが増えるにつれて、住民からクレームが出るようになってしまったのです。

私は他の部屋のホストとも協力し、ゲストにはマナーを守ってもらうように徹底するようにし、マンションの理事会にも収益の一部を老朽化している建物の修繕費として寄附することも提案したのですが、受け入れられることはありませんでした。

結局オープンから10ヶ月でクローズを余儀なくされました。収益性もさることながら、外国人ゲストにはとても喜んでもらえた部屋だったのでとても残念です。

一方で、住民からしてみれば、自分が住んでいるマンション内に見知らぬ外国人が毎日出入りされれば、不安に思うのも当然です。この辺りは民泊がさらに広まる上での課題だと思います。

東京オリンピックに向けてホテル不足が深刻になる中、何か良い解決策が提案されることを期待します。

59 フィリピンのセブ島でもＡｉｒｂｎｂ

Ａｉｒｂｎｂの運営ノウハウが蓄積するにつれ、私の中であるアイデアが芽生えます。なかなか入居者が決まらないセブ島のコンドミニアムでＡｉｒｂｎｂの運営ができないかということです。

セブ島は観光地で世界中から旅行者が訪れます。しかも、私の所有するコンドミニアムはセブ島で一番人気のあるビジネスエリアと、ショッピングモールに隣接していて、ビジネスや観光客に確実に需要のあるエリアです。

しかし、問題は遠隔地、しかも海外にある物件でどのように運営していくかです。日本国内であれば、運営を完全に代行してくれるサービスを提供する会社も登場していますが、セブ島にはまだ存在していません。

私が地方物件でしているように、清掃だけを外注する方法も考えられますが、その清掃をしてくれる人材を探すのも大変ですし、海外だとトラブルになった際に対応が難しいです。

そこで、私は現地の不動産会社に協力してもらえないかと相談することにしました。はじめに相談したのは、コンドミニアムを購入する際に仲介してくれたエージェントです。

しかし、担当者はあまり興味を示してくれませんでした。家具を設置してくれた業者はそもそも信頼できないので任せられません。

最後に、もう一社別の業者にダメもとで相談してみました。その担当者はもともとＡｉｒｂｎｂに興味があったようで、私が日本で運営しているノウハウを提供すると言うとすぐに快諾してくれました。

既に家具・家電は設置済みでしたので、他に必要な食器やタオル類などを購入し、すぐにＡｉｒｂｎｂに部屋の登録をしました。

Ａｉｒｂｎｂでライバル物件を検索してみると、同じコンドミニアムの部屋が2部屋くらいすでに登録してありましたが、カレンダーを見るとほとんど予約が入っていません。ただし、部屋の写真は殺風景でレビューを見ると「ホスピタリティがまったくないホストだ」と書かれていました。

同じコンドミニアムでの稼働がとても悪いので運営に不安がありましたが、日本の場合も同じ物件や、近隣の物件でも稼働率が全然違うことがよくあるため、インテリアとホスト力でカバーできると思いました。

一番の懸念点であったのが、私が銀座のマンションで経験したように、住民やコンドミニアム側での使用制限です。

コンドミニアムの管理会社に確認したところ、事前にゲスト全員のパスポートを提出すれば問題ないとのことでした。むしろ、コンドミニアムのレセプションでゲストの本人確認作業をしてくれるので、セキュリティが高まり、予約人数以上の人数が入れなくなるなど、不正防止にもなります。

というのも、セブ島の高級コンドミニアムの所有者の約半分が外国人なので、外国人がコンドミニアムを出入りしていても違和感はなく、短期の賃貸を行うケースもよくあるようです。

基本料金は1泊4名までの利用でUSD80ドル、追加1名ごとのUSD20ドルの追加（最大10名）、さらにチェックアウト時には清掃料金としてUSD40ドルを徴収する設定にしました。

もし、この金額で80％の稼働であれば、利回りは20％を超えます。

私はシミュレーション結果に胸を踊らせ、2016年の1月より本格稼働を開始しました。予約は驚くほど順調に入り、いきなりシミュレーションの数字を超える売上

セブ島のコンドミニアム

げが上がりました。この結果を受けて、売却予定だったもう1戸にもすぐに家具・家電を設置し、Ａｉｒｂｎｂに登録することにします。

しかし、2月に入り、いきなり予約が激減してしまいました。現地の人に原因を確認すると、1月にはセブ島で大きな祭りがあり、世界中から人が集まるためホテルの稼働率が一気に高まるとのことでした。私は偶然、年間で最も稼働が高まる時期に始めただけだったのです。

それでも、価格を調整しながら、良いレビューが増えるに連れて稼働率が高まっていきました。この調子でいけば、現地での運営代行料や清掃料を差し引いても、利回り10%くらいの収入にはなりそうです。しかも、自分が休暇で使いたいときはいつでもタダで使うこともできます。

日本以外の国から自動的に収入が入ってくる仕組みができたという意味ではとても意義のある投資となりました。

前ページの写真がセブ島の所有コンドミニアム。ジムやプールなどの共用部も充実しています。

60

続々と生まれる民泊関連ビジネス

Ａｉｒｂｎｂによると２０１５年の年間で、日本に５２０７億円の経済効果を生み、標準的なホストに１２２万２４００円の年間収入をもたらし、１３８万３０００人以上の訪日外国人を受け入れたと発表されています。

これだけの経済効果があれば当然、民泊関連ビジネスも登場してきます。

私が知っている限りでは、次のような関連ビジネスがあります。

■民泊運営代行サービス

家具の設置からＡｉｒｂｎｂへの登録、ゲストとのやり取りから、清掃、トラブル対応まですべての民泊運営を代行してくれる。

■民泊清掃代行サービス

ゲストがチェックアウトした後の清掃を代行するサービスで、シーツの交換やタオルの交換もしてくれる。

■民泊可能物件紹介サービス
オーナーから民泊の許可を受けた物件を仲介するサービス。
■民泊リフォーム・インテリアコーディネートサービス
物件を民泊向けにリフォームし、内装や家具をコーディネートするサービス。
■民泊コンサルティング
民泊の開始の仕方や運営方法、稼働率の向上方法などをアドバイスするサービス。
■民泊ＷｉＦｉサービス
民泊オーナー向けモバイルＷｉＦｉを貸し出すサービス。
■民泊チェックイン代行サービス
ゲストへの鍵の受け渡しや、本人確認などを代行して行うサービス。
■民泊ゲスト荷物預かりサービス
ゲストがチェックインする前やチェックアウトした後の荷物を預かるサービス。
■民泊データ提供サービス
Ａｉｒｂｎｂのサイトから地域ごとの料金、稼働率などのデータを提供するサービス。
■民泊安心安全運用代行サービス

民泊を始めるオーナーや事業者に対し、民泊物件の運用に必要となる消防設備の設置や火災等の遠隔監視をはじめとした防災・防犯対策や、応急救護に必要となるAEDの販売・管理、清掃業務などをワンストップで提供するサービス。

■民泊施設管理者ビジネス

民泊の新法では施設ごとに「民泊施設管理者」を登録しなければならないため、ホストが管理者となれない場合にそれを代行するサービス。

以上、民泊ビジネスが世間に認知されはじめてから、まだ1、2年ほどしか経過していませんが、これほどまでの新しいビジネスが生まれています。

もちろん、民泊自体がかなりの収益性のあるビジネスではありますが、今後のさらなる成長を見込み、アイデアさえあれば、民泊の関連ビジネスでもいろいろなチャンスが眠っている新しい市場である思います。

61 参入前に稼働シミュレーションする方法

民泊は一般的な賃貸経営と違い、収益のシミュレーションがとても難しいです。特に初めての人は、1泊当たりの宿泊料金や想定する稼働率など検討もつきません。そんなときに役立つのが民泊データ提供サービスです。

ＡｉｒＬＡＢＯ（airlabo.jp）では各都道府県、区市町村ごとの総リスティング数、1泊当たりの平均宿泊料金、月間の平均宿泊売上金額が収容人数ごとに表示されます。また、周辺の家賃相場も同時に表示されますので、物件を借りて民泊を運営する場合の収益率も表示されます。

例えば東京都新宿区の場合は、2～3名が宿泊できる物件を運営した場合、月の平均的な売上げは約24万円です。また、2～3名が宿泊できる物件を借りた場合の賃料相場は、約13万円です。つまり、このエリアで2～3名が宿泊できる物件を借りて運営した場合11万円の利益が見込めるということです。

さらに、ＡｉｒＤａｔａｂａｎｋ(airdatabank.xyz)では時系列で稼働率推移と稼

Total Listings 総リスティング数 | Publish Listings 掲載中 | Suspend Listings 停止中

4648件 | 3020件 | 1628件

※「停止中」とは、以前に物件掲載されていましたが、現在は非公開になっている物件になります。

Review レビュー有無/スコア

レビュー有：リスティング数 2563件

レビュー無：リスティング数 457件

Average Price 平均宿泊料金/日 11445円

Sales 平均宿泊売上/月 209444円

Listings Comparison 東京都新宿区周辺：賃貸比較

収容人数	リスティング数	平均宿泊売上/月	平均賃貸料金/月	収益比率
1名	128件	40112円	85333円	47%
2-3名	1278件	241503円	129750円	186%
4-5名	953件	148303円	177000円	84%
6-名	661件	223976円	281500円	80%

働物件宿泊単価推移を見ることができます。

　これら2つのサイトで事前にシミュレーションしておけば、参入してみたけどまったく収益が上がらないなどのリスクを事前に防ぐことができます。

　ただし、気をつけなければいけないのは、民泊は駅からの距離、空港へのアクセスや利便性、物件のグレードや内装、季節によっても、宿泊料や稼働率は全然違ってきますので、自分が始めようとしている物件に場所や条件が近い物件のリサーチも欠かせません。

（画像の出典：airlabo.jp <http://airlabo.jp> より抜粋）

シミュレーションでは稼働率が50％でも利益が残るくらいの収支があれば、ライバルがさらに増えて稼働率が下がったり宿泊料金が下がっても安心といえます。

62 民泊の法整備で今後どうなる？

２０１６年の８月に国内のＡｉｒｂｎｂ登録物件件数は４万件を超えました。そのうちの約９割以上が、旅館業法の許可を受けていない闇民泊施設と言われています。そもそも現在の旅館業法が制定されたのが昭和23年と、70年近く経過しており、現在の情勢に即していないと言われています。

つまり、現在は実情に対して、法律が追いついていない状態です。政府はこれを解消するために民泊の法整備を進めていますが、ホテルや旅館業界の反発が強く、調整が難航しています。新法民泊には主に２つの特徴があります。

①用途規制の緩和

現在の旅館業法では、第一種低層住居専用地域などの住居専用地域では基本的に民泊の運営はできませんでした。しかし、新法ではこれらの用途地域の規制が緩和され住居専用地域でも運営が可能となります。

この改正により、民泊の運営が可能になるエリアが広まり、民泊参入者が増える可能性があります。ただし、マンションなどの集合住宅で運営する場合は、マンションの管理規約で禁止されていないことが条件となります。

②年間営業日数の上限

民泊の新法では、年間営業日数の上限が設けられる予定です。上限日数は最大でも年間180日となる予定ですが、ホテルや旅館業界からの反発が強く、さらに短くなる可能性もあります。

この営業日数制限はホスト側の収益に大きく影響を与えます。例えば、完全に運営を外部委託しているホストは売上げの3割ほどを手数料として支払うので、日数制限があると赤字になってしまう可能性もあります。営業日数がさらに短くなれば、民泊事業から撤退するホストも増えるでしょう。

しかし、年間営業日数の制限を見据えて新たなサービスも登場しています。そのサービスでは、営業できない期間の部屋を借り上げで、シェアハウスやマンスリーマンションとして貸し出してくれます。

収益性は民泊より劣りますが、営業できない期間を空室のままにしておくよりは良いでしょう。また、第2章で紹介したように、レンタルスペースとして、会議室などの用途で貸し出してもおもしろいかもしれません。

いずれにしても、今後の法整備の時期や内容により、民泊の収益性は大きく変わってきますので、その動向に注視して、今は儲かっているからと言って安易な参入はしないことをおすすめします。

しかし、しっかりと法律やルールを遵守した上でも、通常の不動産投資より収益性が高くなる可能性を秘めており、今後ますます訪日外国人が増えていくという意味でも成長する分野であることは間違いありません。

まだまだ歴史の浅いビジネスなので、関連ビジネスも含めていろいろなチャンスがあるといえます。

第6章

年収1億円への道
ハイブリッド不動産投資【実践編】

63 自分の投資ステージを確認し戦略を練る

年収1億円を目指すには、戦略や計画を立てずに、やみくもにスタートしても絶対に到達することはできません。それぞれの属性（資産、収入、居住地、勤務先等）に合わせて戦略を練る必要があります。

というのも、年収1億円を目指すには、金融機関からの融資を使わざるを得ず、何も考えずに融資を受けてしまうと、いずれ頭打ちになってしまうからです。

また、属性によっては使える金融機関も異なってきますし、その戦略も異なってきます。例えば、融資を受ける金融機関の順番を間違うだけで、使える金融機関を減らしてしまう可能性もあります。

いずれにしても、現在自分がいるステージを確認し、自分が使える金融機関の中から、どのように融資を受けながら、物件を増やしていくかを知る必要があります。

私がこれまでにあげたハイブリッド不動産投資を織り交ぜて、収入を増やすにも、その順番や方法を間違えると、他の投資への悪影響になってしまう場合もあります。

最終ページの「読者特典」に年収ごとの戦略と使える金融機関の一覧をまとめましたので、ご利用ください。

64 自分が融資可能な金融機関と融資金額を知る

まず最初にやるべきことは、自分の属性や居住地により自分が融資を受けることができる金融機関と融資可能な金額を知ることです。これを知らない限り、いくら良い物件を見つけても、融資が受けられないエリアや金額であれば、時間の無駄になるだけです。

ただ、金融機関も日々の業務で忙しいので、飛び込みで行っても、実際に物件を持ち込んで融資審査をしてもらわない限り、教えてくれない場合があります。

そこで頼りになるのが、メンターの存在です。

メンターとは「仕事上または人生の指導者、助言者」となる人のことを指します。

もちろん、書籍を読んで勉強したり、不動産業者に相談することはできますが、書籍の場合は情報が古かったり、そもそも自分にあっている情報なのか判断が難しいですし、不動産業者の場合は、とにかく物件を売って仲介手数料を稼ぐことが目的なので、一番融資の通りやすい金融機関を提案するだけです。

メンターの探し方ですが、一番の理想は身近で既に投資実績が豊富な人がいればよいですが、身近にいない場合は、各地で主催されている大家の会やセミナーに参加して、探してみるのがよいでしょう。その際なるべく自分と属性が近い人であれば、再現性も高まります。

それでもどうしてもメンターが見つからない場合は、有料でアドバイスをしてくれる不動産投資の塾やコンサルタントに相談してみるのも良いと思います。

お金はかかりますが、自己流で始めたり、不動産業者の言いなりになったりして、後から取り返しのつかないことになるとリカバリーも大変ですし、不動産投資は正しくやればリターンも大きくなるので、初めからその方法でやれば安い先行投資となります。

その際に確認すべきことは、そのコンサルタント自身の実績とそのコンサルタントの相談を受けた人の実績です。たまに、自分の実績もないのに、表面的な知識だけでやっているエセコンサルタントもいますので注意してください。

65 金融機関の物件評価方法を知る

自分が融資を受けられる金融機関と融資可能金額がわかれば、次に知る必要があるのはその金融機関の物件評価方法です。金融機関により、物件評価方法は異なりますので、その特性を理解し、その金融機関が好む物件を持ち込む必要があります。

金融機関は大きく分けて、積算法と収益還元法という2種類の方法で物件の担保評価を算出します。

積算法とは物件の土地の評価額と建物の評価額を合算して算出する方法で、土地は路線価を参考に計算し、建物は新築時の再調達価格からの経年分を減価して計算します。

収益還元法とは、物件の年間の家賃収入に対して、キャップレート（収益不動産に対して期待される収益の標準的な利回り）で割り戻す方法です。

キャップレートは、国土交通省が出している不動産鑑定基準では次のように定義しています。「共に比較可能な他の資産の収益性や金融市場における運用利回りと密接な関連があるので、その動向に留意しなければならない」また、「地方別、用途的地域別、品等別等によって異なる傾向を持つため、対象不動産に係る地域要因及び個別的要因の分析を踏まえつつ適切に求めることが必要である」キャップレートや、再調達価格については、金融機関ごとに基準があるので異なります。

直接聞くと教えてくれる場合もあるので、審査の際に聞いてみてください。

66 具体的な計算例

実際に例を挙げて計算してみましょう。

◎**物件情報**
築20年の鉄筋コンクリート造
延べ床面積　500平米
土地面積　250平米

家賃年収　1000万円
物件価格　1億円

◎計算に必要な数値

土地の相続税路線価　平米単価10万円
　地価マップで検索可能（http://chikamap.jp/）
鉄筋コンクリートの再調達価格　20万円
鉄筋コンクリートの法廷耐用年数　47年
キャップレート　8%

◎積算法での計算

土地の評価＝土地の路線価（10万円）×土地面積（250平米）＝2500万円
建物の評価＝延べ床面積（500平米）×再調達価格（20万円）×残存年数（47年－20年）÷法廷耐用年数（47年）＝5745万円
　積算価格は土地の評価＋建物の評価なので8245万円となる。

◎収益還元法での計算

家賃年収（1000万円）÷キャップレート（8％）＝1億2500万円

つまりこの物件は価格が1億円に対し、積算評価が8245万円、収益還元評価が1億2500万円となります。実際の担保評価はこれら2つの評価を元に掛け目を入れて算出されますが、金融機関ごとに異なります。

メガバンクを例にとると、三井住友銀行は積算評価を重視する傾向があり、りそな銀行は収益還元評価を重視する傾向にあるようです。しかし、この物件の最終的な担保評価が1億円となった場合でも必ず1億円まで融資を受けられるわけではありません。

金融機関によっては担保評価が出ても、頭金を必ず物件価格の1割入れなければいけないというようなルールがあったり、頭金に相当する金額を定期預金に預けると、フルローンで融資をしてくれたりなど、金融機関によってルールは異なりますし、同じ金融機関でも時期や支店によって異なる場合もあります。

したがって、同じ物件でも融資金額や融資条件が異なる場合があるので、融資を打診する場合は複数の金融機関に相談することをおすすめします。

67 物件の収益シミュレーション方法を知る

物件の購入を検討する際に必ずやらなければいけないのが収益シミュレーションです。もちろん収益は将来のことなので正確に予測することはできませんが、その物件のこれまでの実績、想定される融資条件、運営に必要な経費、その地域の平均的な空室率や購入者の税率などからある程度の予測をすることができます。

シミュレーションにより物件を数値化することで、物件の利回りに惑わされることなく、客観的に数値で判断することができます。私が利用しているシミュレーションツールでは毎月のキャッシュフローだけでなく売却までの総利益や後述するブレイクイーブン価格も求めることもできます。

私の場合は、一定の基準を設け、シミュレーション結果がその基準を超えれば、具体的に購入の検討をすることにしています。自分の中で明確な基準を決めておけば、購入を決断するスピードも早まり、ライバルよりも早く買い付けを入れることができるようになります。

その基準はその人のステージや現時点での収入や所有物件、リスク許容度によって異なりますので、それぞれの状況に合わせて設定する必要があります。

また、同じ物件をシミュレーションしても融資条件により、キャッシュフローや総利益はまったく異なってくるので、さまざまなパターンで検証する必要があります。

先ほどの物件を例にとってシミュレーションしてみましょう。

68 キャッシュフローシミュレーション

キャッシュフローシミュレーションは家賃収入からローンの返済、管理費、修繕費、固定資産税等の必要経費を差し引いて計算します。

家賃収入は満室時だけではなく、想定される空室率を加味して、その分を差し引いて計算します。

一番参考になるのはその物件の過去の空室率なので、そのデータをもらうことができればより正確になります。しかし、売主や管理会社が空室を放置していたなどの理

◆【年間キャッシュフローシミュレーション】

価格	1億円	構造	RC
利回り	10%	築年	20年
融資期間	27年	金利	1.5%
頭金	1,000万円	経費	35%

満室賃料年収	1,000万円	入居率90%	900万円
銀行返済	405万円	銀行返済	405万円
経費	350万円	経費	345万
差し引き	245万円	差し引き	150万円

◆【ブレークイーブン価格シミュレーション】

ローン残債（5年後）	7600万円	ブレークイーブン価格（5年後）	9,000万円（11%）
ローン残債（10年後）	6080万円	ブレークイーブン価格（10年後）	7000万円（14%）

由で、空室率が高い場合は余り参考にならないので、その地域の空室率や、他の所有物件の空室率などを考慮して決めます。

また、必要経費も過去の実績データをもらうことができれば、より正確なシミュレーションができますので、購入する前に仲介業者に提示してもらうようにしてください。

今回のシミュレーションでは物件の築年数が築20年なので融資期間は鉄筋コンクリート造の法定耐用年数47年から20年を差し引いて27年としま

した。

金融機関によってはRCの耐用年数を40年と減らしたり、逆に50年や60年まで伸ばしてくれたりする場合もありますので、金融機関に確認するとよいでしょう。

金利についても金融機関により大きく異なります。最近では投資用のローンにも1%を切る金利が適用されるケースもよく見られるようになりました。今回は1・5%としました。頭金は物件価格の1割である1000万円としました。

一般的に頭金の割合が増えれば、金利も低くなりやすく、頭金が少なければ金利が高くなる傾向があります。次に経費ですが、RC一棟マンションの管理費や維持にかかる経費は固定資産税などを含めて家賃収入の20~25%程度が多いです。

ただし、今回は将来的な修繕の積立金としてさらに年間収入の10%も経費に追加しました。シミュレーションは突発的な修繕も想定し、厳しめにした方が安全です。これらの数値を踏まえて計算したのが前ページ上の表です。

シミュレーションによると、この物件をこの条件で購入すると、満室想定で年間245万円、空室率を90%とすると150万円のキャッシュフローが残ります。当然、空室がさらに増えればさらにキャッシュフローは減りますし、空室が減ればキャッシュフローは増えます。

他にも金利が下がったり、融資期間が伸びたりすればキャッシュフローは増えますが、融資金額や融資期間が伸びれば、トータルで支払う金利も増えますので単純にそれだけで判断するのは難しいです。

そこで、キャッシュフロー以外に判断の基準となるのが、ブレイクイーブン価格のシミュレーションです。ブレイクイーブン価格とは、5年後、10年後に、それぞれいくらで売却すると資金の出入りがプラマイゼロとなり損も得もなくなる、すなわち売却価格－（売却価格×売却時仲介手数料）－残債－売却時印紙代－敷金＋購入時から売却直前までの税引後キャッシュフロー＝0となる売却価格です。

これには当然、売却益に対する譲渡税も差し引きます。今回は法人ではなく個人の購入の想定としたので、税率は約20％になります。また、購入者の所得税率によってキャッシュフローは変動しますので、今回は購入者個人の本業の年収は800万円を想定しました。

この想定で計算すると、5年後のブレイクイーブン価格は9000万円、利回りにして約11％、10年後のブレイクイーブン価格は7000万円、利回りにして約14％となりました（同、下の表を参照）。

つまり、5年後に9000万円、10年後に7000万円で売却すれば、この物件所有による損得はプレスマイナスゼロになるということです。

例えば5年後に買った金額と同じ1億円で売れた場合は、5年間で1000万円の利益ということになります。逆に5年後に8000万円でしか売れなければ、1000万円損したということになります。

そして、10年後のブレイクイーブン価格を見ればわかる通り、所有期間が長くなれば、ブレイクイーブン価格が下がり、総利益は大きくなります。

私が今まで数多く使った中で一番気に入っている不動産投資シミュレーションツールは、次のサイトからメールアドレスを登録すると無料でダウンロードできます。キャッシュフロー、ブレイクイーブン価格、売却時の手残りの計算も可能な高機能シミュレーターです。

(http://kachigumi-ooya.com)

23 キャッシュフローと総利益のどちらを優先するべきか？

頭金を多く入れれば、キャッシュフローは増え、総利益も大きくなります。また、融資期間を短くすれば、キャッシュフローは少なくなりますが、金利負担が減るため総利益は大きくなります。

もしも、今後この物件以外に物件を増やさないのであれば、総利益を最優先してもよいかもしれません。しかし、今後さらに物件を増やしていきたいのであれば、なるべく手持ち資金は使わずに、キャッシュフローが最大限になるように融資を受けるべきです。というのも、物件購入時には自己資金が必要になりますし、金融機関に見せられる金額が多ければ多いほど、融資審査に有利になります。

また、金融機関は所有物件の総利益ではなく、毎年のキャッシュフローがどれくらいあるかということを重視します。さらに、キャッシュフローが多ければ、その分手持ち資金が増えていくので、物件購入にも有利になります。

一方で、既に物件を多く所有し、手持ち資金とキャッシュフローが豊富にある次のステージにいる人は、キャッシュフローより総利益を優先するべきです。

というのも、このステージにいる人は物件の売却を織り交ぜることで、他の物件からのキャッシュフローと売却益も含めたトータルでのキャッシュフローを増やすことができるからです。ただし、その場合も物件単体でのキャッシュフローがマイナスにならないように気をつけてください。

70 賃貸需要の確認の仕方を知る

いくらシミュレーション結果が良くても、物件に入居者が入らなければ、そのシミュレーションは絵に描いた餅となるだけです。また、賃貸物件の需要が少ないエリアの場合は、どれだけ工夫しても入居者を獲得することは容易ではありません。

物件のロケーションと賃貸需要だけは、後から自分で改善することはできないので、物件を購入する前にその物件の賃貸需要の確認は絶対に必要不可欠です。

ここでは私がいつも行っている賃貸需要の確認方法をご紹介します。

賃貸需要の確認は2段階で行います。

まずは簡易的なもので、インターネットを使って簡単に確認することができます。使うサイトは株式会社ネクストが運営する「HOME'S見える賃貸経営」(http://toushi.homes.co.jp/owner/) というサイトです。このサイトでは、全国各地の空室率、人口の増減、地価の動向、家賃相場などを地図でわかりやすくまとめています。

まず最初に見るのはその地域の空室率です。トップページから都道府県の地図をクリックするとすぐに見ることができます(上の画像を参照)。

2016年において全国の賃貸用住宅の空室率は19%なので、この数値を下回っていれば、比較的賃貸需要の強い地域といえます。ただし、この数値は市町村レベルまでしかないので、さらに詳細な賃貸需要はわかりません。そこで参考になるのが賃貸需要ヒートマップです。

HOME'Sは賃貸物件のポータルサイトを運営しており、その掲載物件の閲覧状況からその物件のある地域を細かく区切り色分けしています。赤ければ閲覧回数が多く、紫に近づくほど閲覧回数が少なくなります。色がついてないエリアはほとんど閲覧がないということです。

例としてあげたのは、私が所有している山梨県甲府市のヒートマップです。甲府市は空率率が29・4％あり、全国的に見てもかなり高いエリアです。しかし、私の物件の昨年の稼働率は95％を超えており、空室となっても2～3ヶ月もあれば入居者が見つかります。

この物件のあるエリアのヒートマップを見てみると、赤いエリアは少ないものの、黄色や、黄緑など比較的閲覧回数が多いエリアが点在しています。私の経験上、これくらいの色がついているエリアであれば、需要はそこそこあり、入居付けはそんなに苦労しません。しかし、紫のみが点在していたり、そもそも色がついてないエリアはかなり苦労するので避けた方がいいでしょう。

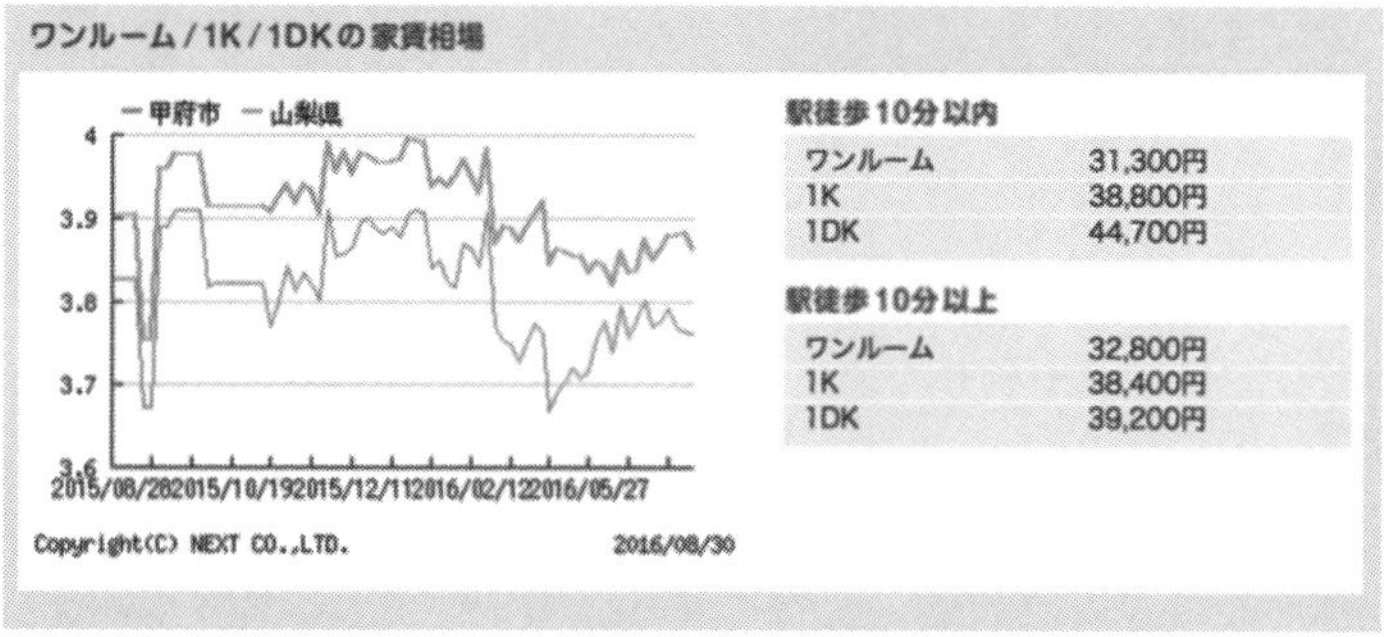

次に確認するのが、家賃相場です（上の画像を参照）。いくら賃貸需要があっても、想定している家賃と現在の相場がかけ離れている場合、募集家賃は下げざるを得ません。見える賃貸経営では、その地域と間取りごとに家賃相場がグラフで表示されています。

実際に私が最近募集している賃料と比べても近く、比較的正確な家賃相場を示してくれていると思います。

ここまでがインターネットだけで実施できるそのエリアの賃貸需要の確認方法です。しかし、重要なのは自分が購入を検討している物件そのものの賃貸需要です。

私の場合は、物件の現地調査に行く際に、周辺の賃貸仲介業者も回り、その物件がいくらの募集賃料であれば入居者を決められるかをヒアリングします。

さらに、空室などが異常に多い場合には、その物件について何か悪い噂や周辺に匂いや騒音を発するような嫌悪施設がないかも確認するようにしています。

71 物件の検索方法を知る

物件の検索はインターネットで行います。

検索するサイトですが、登録物件数では不動産投資専門サイト「楽待」が一番多く、次に「健美屋」が続きます。これらのサイトには細かい検索条件が設定できるので、自分が購入できるエリア、金額、構造種別、築年数で検索してください。

インターネットに公開されている物件は余り物しかないと言う人もいますが、そんなことはありません。確かに掲載されてから日数が経過している物件は余り物と言えるかもしれませんが、たまに割安な物件が掲載されることがあります。

実際に私も「楽待」と「健美屋」で公開掲載されていた物件を過去に購入したことがあります。ただし、そのような物件はとても人気があるので購入するには素早い行動が必要です。

物件の検索は毎日してください。そうすれば、掲載されたばかりの新しい物件を見つけることもできますし、毎日見ることで相場観も養われます。

物件の相場観を養うことができれば、明らかに割安な物件を見つけたときに、購入に向けて迷わずに素早く行動を起こすことができるようになるからです。

72 気になる物件があれば躊躇せずに問い合わせる

気になる物件が見つかった場合は、躊躇《ちゅうちょ》せずにどんどん問い合わせてください。

物件概要書をもらえれば正確な住所がわかるため、積算評価を算出できます。

また、それと合わせて、収益シミュレーションも行います。

この作業を繰り返し行っていると、実際に計算をしなくても、物件の概要をみるだけである程度の数字は予測できるようになるため、物件を選別するスピードも早まっていきます。

また、どんどん問い合わせをすることにより、不動産業者とのパイプもできてきますので、その物件で購入に至らなくとも、他に新しい物件が売りに出された際に、インターネットなど一般に公開される前に情報をもらえることもあります。

73 マイナーなサイトに掘り出し物があることも

「楽待」や「健美屋」は登録物件数が多いことが最大のメリットですが、当然その分物件購入を狙っている他の投資家の数も多くなります。割安な物件は掲載したその日に何件も購入の申し込みがあるくらいです。

そこで狙い目になるのが、at home や HOME'S などの投資家があまり見ないサイトです。これらのサイトには投資用の物件も掲載されていますが、楽待などに比べると圧倒的に少ないです。

しかし、普段投資用の不動産を扱わないような不動産業者は、たまに付き合いのある地主さんなどから、売却物件を預かった際に、投資用不動産の相場をわからずに、安い金額でこれらのサイトに掲載する場合があります。

これらの不動産業者はそもそも楽待や健美屋の存在を知らない場合がよくあるからです。

さらに、これらのサイトでは楽待や健美屋より投資家のライバルも少ないため、そのような割安物件でもしばらく放置されている場合があります。実際に私は at home に掲載されていた投資用の物件も購入したことがあるくらいです。

他にも小さな不動産業者が、自社のホームページだけに物件を掲載していることもありますので、そのような不動産業者のサイトもたまに見てみるのも掘り出し物を見つけるコツです。

74 ライバルを差しおいて利回り20%超えの物件を取得できた理由

私が所有している物件の平均利回りは15%を超えています。その中でも一番の稼ぎ頭の物件は築33年の利回り21%のRC物件です。

この物件を取得したのが2013年なので、今よりは不動産相場が高騰していなかったとはいえ、当時でも利回り12%を超えるような物件は、すぐに売れてしまうような相場でした。

したがって、相場よりかなり安く取得できた物件だったといえます。場所も地方ではありますが、県庁所在地の市街地からも近い比較的便利な場所にあります。

それでは、私がどのようにして、そのような高利回り物件を得られたか紹介したいと思います。

75 物件との出会いは見知らぬ業者からの提案

物件の提案は不動産投資専門サイト「楽待」にある提案機能を経由して知らない不動産業者からメールが届きました。

通常の不動産ポータルサイトの場合は、不動産業者が売主から依頼された売却物件情報をサイトに掲載し、それを見た購入希望者がその不動産業者に問い合わせをするのが一般的です。

しかし、「楽待」の提案機能は、不動産の購入希望者があらかじめ、希望のエリアや価格、利回り、築年数などを登録しておけば、その条件に合う物件を、不動産業者が提案できます。

特になんらかの理由で公開して売却活動ができない物件、いわゆる「非公開物件」などの場合には有効な機能です。

初めてその提案内容を見たとき私は驚きました。表面利回り21％、売値1億円に対して、積算評価が1億8000万円ありました。

さらに現オーナーが約4000万円をかけて、外壁と屋上の大規模修繕、36部屋中19部屋のリノベーションも行っていました。場所も富山市内の市街地から車で5分ほどのところで、利便性も優れています。場所も悪くないのに明らかに相場より安い値段設定です。正直売値の表記を間違えているのではないかと疑ったくらいです。

私は当時サラリーマンでしたが、仕事を抜け出し、すぐにこの不動産業者に電話をし、当日のアポイントを取りました。この物件のように問い合わせの殺到が予想されるような場合は、メールやインターネット経由で問い合わせをすると、対応を後回しされる恐れがあるので、必ず電話でリアルタイムにアポイントを取ることが重要です。

そして、アポイントの時間までに、物件の近くに住んでいた身内に物件を見に行ってもらうとともに、HOME'S の見える賃貸経営で賃貸需要の確認と、周辺の客付け業者に賃貸需要のヒアリングをしました。現状空室が多いですが、適切な家賃設定で募集すれば問題がなさそうです。

一番の懸念点であったのは、旧耐震基準の物件ということだったのですが、見に行ってもらった結果、地震に強い壁式ＲＣ構造とわかりました。物件も築33年の割には、大規模修繕の影響もあり比較的きれいとのことでした。

そして、いよいよ業者に会って詳しい物件状況のヒアリングです。やはり、一番気になったのは、相場より明らかに安い価格設定と売主の売却理由です。

まず売却理由は、売り主である現地の不動産業者の資金繰りが悪化していて早急に現金化を希望しているようでした。なので、価格もすぐに売れるように相場よりかなり安く設定したそうです。しかも、取引先に売却活動をしていることが漏れないように非公開で売却活動をしていたそうです。

76 売主が売り急いでいる物件は安く買うチャンス

私も所有物件を売りに出したことがありますが、売却活動に時間をかけられる場合は、相場なりの値段か、それよりも高い値段で売りに出し、反響を見ながら徐々に価格の調整をしていきます。

しかし、売却活動に時間をあまりかけられない場合は、相場よりかなり安い値段で売りに出される場合があります。

売主が売り急ぐ理由でよくあるのが、相続により相続税の支払い期限が迫っている場合、売主が次の物件購入が決まっていて、その資金をつくりたい場合、売主が法人の場合は決算対策で赤字と売却益を相殺したい場合などがあります。

したがって、物件を購入する場合は、売主の売却理由や売却期限などを聞いて、さらに価格交渉の余地があるかどうかも確認することが有効です。

ただし、既に相場より明らかに安い場合は、価格交渉している隙に、他の買い手に先を越されてしまう場合があるので、そのようなケースでは価格交渉せずに一番手をとれた場合は、なるべく早く売買契約を結ぶことが重要です。

一番手をとれた場合でも、売買契約を結ぶまでは、よりよい条件の買主が現れた場合、違約金なしで、その買い手と売買契約することができてしまうからです。

77 相場より安い物件はスピード勝負

私はその場で購入申込書にサインをしました。この時点で一番手は確保できました。ただし、融資特約と現地調査で問題が発覚した場合は無条件で白紙にできるという条件をつけたため、売主は最初に融資の承認が下りた購入希望者と売買契約をするということになりました。

こうなれば、融資の審査スピードが勝負です。この物件は積算評価が高いため、地元の地銀や信用金庫などから融資を受けられる可能性がとても高い物件でした。しかし、地方の銀行や信用金庫は融資の審査スピードが遅く、結果が出るまでに1ヶ月以上かかる場合があります。

今回はそんなに時間をかけてられません。そこで融資を打診したのが、金利は4・5％と高いですが、審査スピードに定評のあるスルガ銀行です。早ければ1週間程度で本承認が下りる場合があり、審査スピードの早さは地銀の中ではナンバーワンと言えるでしょう。

この数ヶ月前から富山市内の物件の融資をし始めたという情報を入手していました。金利というコストを払ってでも、物件の確保を優先したのです。そして、思惑通り、1週間で融資の承認を得られ、私が購入する権利を得ました。

その数日後には地元の購入希望者の融資の承認が下りたそうなので、本当に紙一重でした。

その後、無事にこの物件の売買が完了し、晴れて私がオーナーとなりました。空室も多く、トラブルも多かったので大変苦労する物件ですが、収益性と資産性を兼ね揃えた物件で、私のその後の不動産投資に勢いを付けてくれた物件となりました。その後借換えで金利も大幅に低下しました。

77 不動産業者から優先して非公開情報をもらう方法

楽待で提案を受けた富山の物件もそうでしたが、一般的に公開物件より、非公開物件の方が、何かしらの理由により値段が安い場合が多いです。また、非公開物件は公開しない分、ライバルも少なくなり取得できるチャンスは高まります。では、どのようにしたら、非公開物件情報をもらえるようになるでしょうか？

①不動産業者の立場で考えてみる

不動産業者の立場で考えてみると、どういうお客さんに非公開の優良物件情報を渡したくなるかが見えてきます。

まず不動産業者の収入源は仲介手数料です。いくら、物件を紹介する件数や、案内する件数が増えても成約に至らなければ、一切報酬は発生しません。つまり、彼らにとっては買えるお客さんが、特に高額な物件については融資を受けることができるお客さんが優良なお客さんです。

したがって、あらかじめあなたが融資を受けることができる金融機関や金額を、その不動産業者が知っていれば、それにマッチするような物件を紹介してくれます。そういう意味では既に取引をしたことのある業者であれば、あなたの資産や、属性、既存の借入金額まで正確に把握しているので、あなたは優良顧客として認識してもらえる可能性があります。そのためにも次回の取引も見据えて良好な関係を築いておくべきです。

私も過去にすでに取引したことのある業者さんから非公開の物件情報をもらって、購入した物件はたくさんあります。

これから不動産投資を始める人で、まだ付き合いのある業者がいない場合でも、非公開の物件情報を得られることはできます。

一番良いのは、身近にそういう不動産業者と取引のある先輩大家さんがいる場合は、その人に紹介してもらうことです。不動産業者にとっても、まったく知らない人と取引をするよりは、既に信頼関係のある人からの紹介の方が安心して物件の紹介ができます。特に不動産取引は扱う金額が大きく、初めての相手との取引には不安がともないます。

そういうときにお互いの知り合いからの紹介があると、初めから信頼関係があるためスムーズに進みます。

しかし、身近にそういう先輩大家さんがいない場合は、自分でそういう関係性をつくるしかありません。一番おすすめなのは私が提案を受けた「楽待の提案機能」です。とくに、楽待には本人を証明する書類と収入を証明する書類を提出する機能があり、その認証を受けると楽待が不動産業者に対して、本人と収入が認証されていることを証明してくれます。

これを事前に行っておくことによってあなたの信頼度が上がり、より物件の提案を受けやすくなります。

また、提案された物件の数に対して、どれだけ返答しているかの返答率によって、1つ星から5つ星までランク付けされますので、提案を受けた場合は、興味がない物件であっても必ず返答するようにして5つ星を保ってください。

②客ではなくビジネスパートナーの認識を持つ

現在は、不動産投資がブームになりつつあり、投資物件を購入したい人はたくさんいます。一方で不動産価格が高騰し、投資に見合う物件が少なくなり、優良物件は何人からも購入の申し込みが入る状況です。

形の上では、購入者が不動産業者に手数料を支払うので、客となりますが、実質的には不動産業者が購入する客を選別している状況です。この状況を理解せずに、自分は客だからと言うことで、上から目線で彼らに接していると、まったく相手にされることはありません。

客ではなくビジネスパートナーとしての認識を持つべきです。彼らも人ですので、仕事をしていて気持ちの良い人と取引をしたいと思っています。したがって、仕事をする上での取引先と同じように接するべきなのです。

また、せっかく物件の提案を受けても、返事もしないようであれば、次から提案も来なくなります。断る場合でも、断る理由を挙げて、どういう物件であれば検討するかなど、具体的に書けば書くほど、その条件にマッチするような物件があれば提案してくれるようになります。

不動産業者にとっても所有している物件や、売主から専任で預かっている物件でなければ、他の仲介業者に先に買主を見つけられてしまうかもしれません。

せっかく良い物件でも反応が遅ければ、そのお客さんだけではなく、不動産業者自身も手数料を得るチャンスを逃してしまいます。したがって、物件が割安であればあるほど、普段から反応が早く、迅速に行動してくれるお客さんに優先して紹介したくなるのです。

79 次々と物件を取得する方法

最初の1棟目を何も戦略を立てずに購入してしまうと、2棟目、3棟目を購入する際にすぐに壁に打ち当たってしまいます。特に自己資金が少なく、属性も良くない人は1棟目で失敗してしまうと、2棟目の融資がなかなか受けられません。私自身の経験と多くの相談事例からよくある失敗パターンを挙げてみます。

失敗パターン① 「自己資金を使い果たしてしまう」

一般的に不動産を購入する場合、物件価格の他に仲介手数料、登記費用、登録免許税、不動産取得税などの諸経費が発生します。これが、物件価格の約7%かかります。したがって、物件価格すべてをローンで賄うフルローンで融資を受けたとしてもこの7%を自己資金から捻出しなければなりません。

ごく一部の金融機関でこれらの諸経費もローンで賄えるケースがありますが、ほとんどの金融機関は最大で物件価格までの融資となっています。

さらに、これ以外にもローンの頭金として物件価格の2〜3割くらい支払ってしまうと、次の物件購入の資金が貯まるまでかなりの時間がかかってしまい、2棟目の購入で行き詰まってしまうのです。また、万が一に備えて、物件購入後でも自己資金はある程度残しておくべきです。

失敗パターン② 「キャッシュフローがまったく出ない」

購入後のシミュレーションをしっかりしないで、物件を購入してしまい、キャッシュフローが手元にほとんど残らないパターンです。

一番よくあるのは新築のワンルームマンションを節税目的で購入してしまうケースです。この場合、家賃収入からローンの返済、管理費、修繕積立金、固定資産税を支払ってしまうと、月々マイナスになってしまいます。

しかも、新築の場合は新築時の家賃が一番高くそこから年数が経過するごとに家賃が下落していくので、このマイナス幅はどんどん大きくなっていきます。

さらに、古くなると競争力がなくなり、空室期間が長くなったり、修繕費がかさむようになっていきます。

そして、いざ売ろうとしても、はじめからかなり割高で買っているので、ローンの残債より安い値段でしか売れず、ローンを返済するために資金の持ち出しになってしまうのです。

こういう物件を購入している人の多くは自分が失敗していることに気付いていません。特に物件を購入した初年度は経費が多くかかるため不動産所得がマイナスとなり本業の所得税が還付されます。それに味をしめて毎年、1戸ずつ購入して所得税の還付を受けるところまではよいですが、気付いたらマイナスのキャッシュフローが積み上がっています。

サラリーマンとしての収入がそれなりにあれば、3戸くらいまではその属性を利用して融資を受けることができますが、一般の金融機関はキャッシュフローがマイナスになるような物件を持っていると賃貸経営事業者として素質がないとみなすため、融資をしたがりません。最悪、これらのワンルームマンションを先に損切りして売却しないと次の融資を受けられないこともあります。

次によくある失敗が割高な業者建て売り新築1棟アパートを購入してしまうケースです。こちらは新築ワンルームと違って、すべてのケースが失敗というわけではないですが、失敗しやすいケースとしては、狭い土地に18平米以下のワンルームを詰め込んで、無理矢理表面利回りを高くしているような物件です。

新築のときはきれいなので割高な家賃でも入居者が見つかりますが、古くなってくると狭い物件は競争力がなく家賃をかなり下げないと入居者が見つかりません。新築の場合は、はじめから利回りが高くないため、家賃が1～2割下がっただけでも、キャッシュフローがマイナスになってしまう場合があります。

このような新築アパートを検討する場合は、築10年くらいの同じ間取りの周辺物件がいくらくらいの賃料相場か確認し、その賃料でもキャッシュフローがマイナスにならないかシミュレーションして確認するようにしてください。

失敗パターン③「積算評価・収益還元評価の少ない物件ばかり買って債務超過に陥る」

サラリーマン向けの不動産投資パッケージローン（スルガ銀行・オリックス銀行等）の場合は、融資限度額が本業の年収の何倍までというような基準の場合が多く、所有物件の積算評価や収益還元評価は審査に大きく影響しません。

しかし、これらの融資枠を使い切ったとたん、次の融資を受けられなくなる人がたくさんいます。問題はこれらのパッケージローンを使うこと自体ではなく、これらを使って購入した物件にあります。むしろ、これらのパッケージローンは自己資金が少ないサラリーマンにとっては、とても使い勝手が良い商品で、投資初期には頼らざるを得ない場合が多いです。

私も含めて、規模を拡大しているメガ大家さんも、サラリーマン時代の投資初期にこれらのパッケージローンを使っている人は多いです。

ただし、これらの商品の問題は、物件の評価価値が低い場合でも、サラリーマンの属性でカバーされてしまうため、融資の承認を得られてしまうことです。特に本業での年収が高い高属性の人ほど融資が通りやすくなってしまうため注意が必要です。

融資が通るから購入するのではなく、積算評価や収益シミュレーションの結果を見て購入の判断をするべきなのです。これらのパッケージローンの融資枠を使い切った後は、他の金融機関の事業性ローンいわゆるプロパーローンを使います。

事業性ローンの審査は所有している不動産の収支状況や担保評価を厳しく審査しますので、収支が赤字であったり、担保評価がローンの借入残高を下回っていたりすると債務超過とみなされ、新たに融資を受けることが難しくなります。

失敗パターン④「空室が埋まらない」

物件購入前に賃貸需要の確認をしておらず賃貸需要のないエリアに物件を購入していたり、需要がある地域でも適切な空室対策をしていない場合、空室は容易には埋まりません。

空室が増えてしまうと当然、収支も悪化してしまいますし、金融機関からは賃貸経営の経営者としての素質がないとみなされ融資が受けづらくなります。

私は空室対策の相談を受けることも多いですが、空室が埋まらない人の多くは自らが経営者としての自覚がなく、管理会社や賃貸仲介業者の不満ばかりを言います。

もちろん彼らに問題がある場合もありますが、一番の問題は空室を埋めるための行動を怠っているあなたに原因があります。次々と物件を購入し、規模を拡大するには、経営者としての自覚を持って、自らが主体的に行動できない限り難しいでしょう。

80 サラリーマンのうちに法人を設立し、法人で物件を購入する

個人名義での借入限度額まで物件を購入した後は、法人を設立し、法人名義で物件の取得を目指します。

前述しましたが、法人名義であれば、名目上借入の限度額はありません。しかし、

金融機関は実績のない法人にいきなり融資することはありません。唯一、新設法人にも融資可能なのが、資産管理法人として設立された法人です。

資産管理法人とは、個人の資産を管理するという名目で設立される法人で、金融機関はその個人とセットで融資の審査をします。本業の年収が高く、個人での資産規模が大きい場合は、サラリーマン向けのパッケージローンを使わずに、いきなり資産管理法人でのプロパーローンの利用も可能です。

いずれにしても、金融機関は法人の実績ではなくあなた個人としての属性を審査しますので、サラリーマンをセミリタイアして本業の収入がなくなってしまった場合は、相当な資産がない限り、新設の資産管理法人での融資を受けることが難しくなります。

したがって、将来的にセミリタイアを目指している場合でも、サラリーマンを辞める前に、資産管理法人での融資を受けておかないと、サラリーマンを辞めたとたん融資が受けられなくなり規模の拡大ができなくなってしまいます。

この資産管理法人で黒字の決算を3期していれば、賃貸経営事業者として、法人だけの実績で融資を受けることができるようになります。

個人の不動産収入がサラリーマンの収入を超えただけで、すぐにサラリーマンを辞めてしまう人がいますが、継続的に規模を拡大していきたいのであれば、焦って会社を辞めてしまわずに、先に法人での物件取得を目指してください。

81 借換え、金利交渉でキャッシュフロー拡大

現在は、金融緩和の影響により、各金融機関が不動産に対する融資を積極的に行っています。特に2016年に入ってからはマイナス金利政策の影響もあり、貸し出し金利も低下しています。

実際に、私の関連法人で三井住友銀行から受けた融資の金利は4年固定で0・4%とかなりの好条件です。個人でも私が銀行の担当者を紹介した知人は団体生命保険込みで0・6%台の金利で借換えできた人もいます。

他の金融機関でも1%前後の低い金利で借換えに成功した人は多数います。

私も借換えで最大3%も金利ダウンに成功しています。1億円を借りていた場合は年間で300万円も金利負担が減ったことになります。私は借入していたすべての融資を借換えまたは金利交渉で下げてもらったので、それだけでも、年間数百万円の

キャッシュフローが改善されました。

借換えの場合は新たに登記費用などがかかりますが、金利交渉の場合はコストが一切かからないため、もっとも有効なキャッシュフロー改善方法です。

借換えする金融機関の探し方ですが、一番良いのはその金融機関と既に取引のある人に担当者を紹介してもらうことです。その紹介者とその金融機関の関係が深ければ深いほど、担当者は紹介者を無下にできないため、積極的に借換えに取り組んでくれます。

また、複数の金融機関に声をかければ、借換えする金利の利率も競わせることができるので、より有利な条件が得られます。金利交渉する際も、まずは他の金融機関に借換えの打診をし、その条件を既存の借入している金融機関に伝えるのがコツです。金融機関は借換えを絶対に阻止したいので、金利交渉に応じざるを得ません。

ただし、気をつけなければいけないのは、今後もその金融機関から融資を受けたい場合です。借換えをしてしまうと、次に融資を依頼しても貸してくれない場合がありますので、その後の融資戦略を考えながら行う必要があります。

例えば、サラリーマン向けのパッケージローンを使う場合は、融資を受けられる枠を使い切ってから借換えや金利交渉をした方がよいでしょう。

82 節税と融資の関係

所有物件が増えてくると収入がどんどん増えてくるので税金の負担も大きくなってきます。特にもともと高収入のサラリーマンの場合は、税率が高いので納税金額が大きくなります。

そこで、税金対策として、不動産管理法人を設立して家賃収入を個人と法人で分散させたり、設備の償却年数を短くして所得を圧縮する方法が有効になります。

しかし、これらの節税をするにも、将来的な融資戦略を考えながら行う必要があります。まず、規模を拡大する上で欠かせないプロパー融資を受ける場合ですが、基本的に不動産賃貸業が赤字になっている場合、融資をしてくれる金融機関はほとんどありません。また、黒字の場合でもほとんど納税が発生しないようなわずかな黒字の場合も金融機関の印象は良くありません。

他に、本業の収入がしっかりある人や資産がたくさんある人は、融資を受けられる場合はありますが、そうでない人は難しいでしょう。これからさらに規模を拡大したい人は、目先の小さな節税にこだわらずしっかりと納税した方が、融資を受けやすくなりますし、融資の条件も良くなります。

資産管理法人で融資を受ける際でも、設立間もない場合や規模が小さい場合は代表者の確定申告の提出を求められることがほとんどなので、個人としてもしっかりと黒字申告して、納税をしておいた方がよいでしょう。

また、節税をしようとすると、経費を使うことになり、結局、手持ち資金が減ってしまいます。物件を購入するには自己資金が必要なので、節税のために手持ち資金を使ってしまい、物件を購入できなくなるのは本末転倒です。

これから物件をどんどん増やしていくステージでは、節税せずにしっかりと納税するのが一番の近道かもしれません。

83 手持ち資金を減らさずに節税する方法

個人の場合は、不動産を売却した際の売却益に関しては、不動産の売却損以外では相殺することができないため節税はしにくいですが、法人の場合は、他の事業損失と利益を相殺することができます。

しかし、不動産の売却益は金額が大きくなる場合が多いため、なかなか他の事業損失で相殺するのは難しいです。同じ法人で複数の物件を所有している場合は、その年度内に、他の物件で大規模修繕を実施して、利益と相殺させる方法は有効です。

この場合、修繕費用を日本政策金融公庫や付き合いのある金融機関から融資を受ければ、手持ちの資金を減らさずに節税することができます。

しかし、大規模修繕をしてもその物件からの収入が増えるわけではないので、修繕費で受けた融資の返済が始まるとキャッシュフローが減ってしまいます。

そこで私がおすすめなのが、手持ち資金を使わずに節税しながら、キャッシュフローを増やす方法です。それが第3章で紹介した太陽光発電を使った節税です。

太陽光発電を活用した節税はグリーン投資減税が終了してしまうなど、徐々に選択肢が少なくなっていますが、2016年現在では生産性向上設備投資促進税制を利用して設備費用の50%を一括償却できる制度があります。この制度を活用すれば、例えば太陽光発電の設備費用に2000万円を掛けた場合、半分の1000万円までをその年度に償却することができます。

銀行からの太陽光発電設備への融資は、ハードルが高いのですが、日本政策金融公庫やアプラスやオリコなどの信販会社系の融資は審査が甘く、フルローンでも融資が下ります。

これらを活用すれば、自己資金を使わずに節税しながら、新たにキャッシュフローを増やすことができるのです。

ただし、太陽光発電用の土地や設備は担保評価がとても低いので、これらの融資を活用していくつも取得してしまうと、不動産を購入する際に債務超過とみなされてしまう場合があります。

金融機関によってはキャッシュフローが出ているとプラスに評価される場合もありますが、積算評価を重視する金融機関ではマイナス評価になってしまいます。今後、融資を受ける予定がある金融機関には太陽光発電の評価方法を事前に確認した方がいいでしょう。

84 木造アパートを5年半所有して購入金額より30％高く売却できた理由

先日所有していた木造アパートの売却に成功しました。購入時の価格は3500万円でしたが、売却した金額は4500万円です。

この物件は年間のキャッシュフローが約130万円ありましたので、所有している5年半の間に積み上がったお金が約700万円、売却時の残債が2700万円だったので売却時の手残りが約1800万円、そこから売買時の仲介手数料、取得時の諸経費、リフォーム費用の合計500万円を差し引いても、5年半の所有期間で約2000万円の利益を上げたことになります。

このアパートの所有期間中は土地の地価（相続税路線価）は5年間ほぼ横ばいでした。その間に私が物件に施したリフォームは、火災保険を活用して行った屋根の塗装が123万円。空室や共用部に行ったリフォームが約100万円程度です。

他に大規模な修繕などまったくしていません。屋根の塗装は保険金から全額賄えたので、私が自分の財布から出費したのは100万円程度です。普通に考えれば、建物は経年とともに価値が下がっていくため、購入した金額より売却金額は安くなるはずです。

それでは地価は変わっていない、建物の価値は下がっているにもかかわらず、なぜ30％も高く売却に成功したのでしょうか？

◆相場より安く購入できた理由

まずは最も基本的なことですが、そもそも、私はこの物件を相場より安く購入しています。その理由ですが、次のようなことが挙げられます。

①売主が中々埋まらない空室に困っていた

売主は新築当時から所有している70代のご老人でした。築が18年経過し、新築当時より家賃を半分近く下げているにもかかわらず、3部屋の空室が1年以上も決まらずにかなり困っているようでした。これ以上空室が増えると、売却にも影響するため焦っていたようです。

②売主が売り急いでいた

売主は次に購入する物件が決まっているようで、早急にまとまった資金が必要とのことで売り急いでいました。

③売主のローンの残債が少なかった

通常、売主はローンの残債より低い価格で物件を売却することはほとんどありません。物件の売却で入ってくる金額だけではローンが返済しきれずに、持ち出しの資金が必要となるからです。しかし、この売主はすでに8割ほどのローンが返済ずみであったため、安い金額で売却したとしても、ローンの残債が残らずに手元にまとまった資金が残ったようです。

④物件の管理状況がとても悪かった

売主は遠方にお住まいだったので、管理は物件の近くの管理会社に委託していました。しかし、その管理会社の管理がずさんで、空室は蜘蛛の巣とホコリだらけ、共用部には放置自転車やゴミが散乱しており、荒れ果てた状態でした。

⑤仲介の不動産業者が両手取引であった

この物件の仲介をした不動産業者が直接、売主と買主の両方の仲介を担当していたので、私が購入すれば売主側だけでなく、買主側の仲介手数料も得ることができます。なので、どうしても私が買主となれるように積極的に売主に価格交渉をしてくれました（両手取引＝買主と売主の双方の仲介をする形態で、成約すると売主と買主両方から手数料がもらえる）。

以上のことを踏まえて、売り出し当初4300万円だった売値に対し、3500万円まで価格交渉して値下げしてもらうことに成功しました。

◆家賃を値上げすることができた理由

投資家が購入物件を検討する際にまず一番気にするのは物件の利回りです。したがって、家賃を値上げすることができれば同じ利回りでも、売却価格を上げることができます。

例えば家賃4万円の部屋が10部屋あるアパートの場合、月の収入は40万円、年間にすると480万円です。このアパートが利回り10％で売れるとすると、売却価格は4800万円となります。

もしこのアパートの1部屋当たり2000円家賃の値上げをすることができたとし

たら、月の収入は42万円、年間にすると504万円となり、同じく利回り10％で売却できるとすると売却価格は5040万円となります。

家賃を2000円値上げしただけで、売却価格が240万円も上げることができるのです。それでは私がどのようにして家賃の値上げに成功したかを以下に挙げてみます。

①共用部をきれいにした

物件取得後にまずしたことは、荒れ果てた共用部の清掃です。放置自転車は撤去し、錆びていた共用階段に塗装を施しました。また、ホコリだらけだったガラス部分をきれいに拭くだけでも物件は見違えるようになりました。

さらに、前オーナーは行っていませんでしたが、月2回の定期清掃を入れて、常に物件がきれいな状態をキープしました。定期清掃は月7500円程度であるため、これで入居者の満足度が高まり、入居が決まりやすいなら安い投資と考えました。

②設備と内装をバリューアップした

この物件はプロパンガスの物件だったため、プロパンガス会社を切り替える際に交渉して、ＴＶドアホンを無償で各部屋に設置してもらいました。同時に、ガスの基本料金と単価もかなり下がったので、既存の入居者にも喜んでもらえました。

また、アメリカのインターネットオークションサイトebay(ebay.com)を使って韓国からサムスン製のＩＣカードキーを個人輸入して設置しました。周辺のアパートで、同様の鍵を使っている物件はなかったため、大きな差別化となりました。

他にもオシャレなアクセントクロス、ＩＫＥＡのミラー、リモコン式のシーリングライトを設置することで、利便性が良くセンスの良い部屋に仕上げました。

③家賃交渉に応じずに、初期費用を安くした

最近は入居申込みの際に家賃の値下げ交渉が多くなりました。もちろん、場合によっては交渉に応じることもありますが、この物件は早期の売却を検討していたため、家賃交渉には応じませんでした。

その代わりに1ヶ月のフリーレント（家賃無料期間付）や初期費用の一部を私が負担することで、家賃の値下げをすることなく家賃を維持することができました。物件購入時に投資家は現況の家賃がいくらであるかは気にしますが、初期費用まで確認する人はまずいません。

④2階と3階の家賃を同じにした

このアパートは1階が駐車場、2階と3階に同じ間取りの1Kとなっているタイプでしたが、2階と3階の家賃設定に2000円も差がありました。

通常は、防犯上の理由から1階の部屋は人気がないため、家賃が安くなることはありますが、2階と3階で2000円も違うことに疑問を感じていました。試しに2階の空室を3階と同じ賃料で募集したところ問題なく入居が決まりました。

前オーナーが空室に困り、管理会社に言われるがまま、設定家賃を安く設定して入居付けしていたため、購入時点で入居していた入居者の家賃が安い状態でした。したがって、入居者が入れ替わるたびに、部屋をバリューアップし、家賃を値上げすることができました。

⑤高い入居率を維持できた

私は投資用物件の購入を検討する際に、過去の入居率はあまり気にしませんが、ほとんどの投資家は過去の入居履歴を気にします。過去の入居率が高いと今後の入居率が高いことが期待できるからです。

ですので、特に売却する前の3年間はとにかく入居率を高く維持することを意識しました。退去後のリフォームを早め早めに行い、募集もすぐにできる状態にしました。結果、過去3年間の入居率は95％以上をキープすることができ、このことは物件売却の際に買主にとって大きな安心感につながったようです。

⑥金融機関の融資基準がゆるんだ

不動産の価格を大きく左右するのが金融機関の融資姿勢です。リーマンショック直後は、多くの金融機関が不動産への融資を引き締めたため、不動産価格が大きく下がりました。不動産価格が下がっているにもかかわらず、頭金を2割、3割入れないと融資が下りないため、買える人が少なく、物件が割安でも放置されていたのです。しかし、2012年の第2次安倍政権が誕生後、アベノミクスによる金融緩和の影響で、金融機関の融資は徐々に緩み始めました。

私もリーマンショック以降、さまざまな金融機関の融資状況を注視してきましたが、特に地銀の不動産への融資姿勢の変化には驚きました。

関東地方の物件の融資でいえば、それぞれ第一地銀である静岡銀行、千葉銀行が関東地方の物件にフルローン（物件価格全額を融資）するようになったのです。もちろん、購入者の属性や物件の評価にもよりますが、手持ちの資金をほとんど使わずに物件が購入できるようになったため、サラリーマンの購入希望者が増え物件価格も上昇していきました。

実際に私の物件を購入した買主も静岡銀行での融資を受けました。静岡銀行は木造アパートでも最長で60年ー築年数の融資期間で融資を受けることができるので、長期間の融資が受けやすくキャッシュフローも出やすくなります。


以上のようにアパート経営でも儲ける基本は安く買って、より高く売ることです。そのためには、高い稼働率と家賃を維持しつつ、常に出口戦略を意識して、買主がどの金融機関でどういう融資を受けられるかまで意識すると、よりよい条件で物件の売却をすることができます。

さらに言うと、金融機関の融資姿勢は刻々と変化します。サラリーマン投資家に最も積極的に融資するといわれているスルガ銀行もかつては木造アパートに積極的に融資をしていましたが、最近は原則木造アパートにはほとんど融資しなくなりました。

静岡銀行もいつその融資姿勢を変えるかわかりません。

逆にオリックス銀行など静岡銀行に追随するような金融機関も現れ始めました。常にこれらの融資情報にアンテナを張り巡らせているとより有利な条件で不動産投資ができますので、積極的に情報収集に努めてみてください。

85 融資を受けずにキャッシュフローを増やす方法

規模を拡大する上で誰もが苦労するのが融資の壁です。特に収入も資産も少なく属性も良くない人は1棟か2棟を購入したところで次の融資が難しくなってしまいます。

そうなってしまった場合は、収入を増やすか、自己資金を増やすしかありません。もちろん、本業を頑張って収入を増やすことも考えられますが、サラリーマンの場合は、年間の昇給金額はどれだけ頑張っても劇的に増やすことは難しいでしょう。そんなときにおすすめするのが、民泊とトランクルームへの投資です。

民泊は自宅や所有物件の1室で始めれば、初期費用は家具代や寝具、食器類などのわずかな投資で始めることができます。また、自宅や所有物件の立地が悪く、民泊に向かない場合でも、オーナーから承認を得ることができれば、賃貸した物件を転貸して始めることもできます。

最近ではオーナーから民泊の承認を得ている物件だけを紹介しているサイトもありますので、そこで物件を探すこともできます。

私もオーナーから承認を得て転貸しながら民泊をしている部屋がありますが、借りている家賃の3～4倍くらいの売上げが上がる部屋もあります。

融資と異なり、借りられる物件数に制限はありませんので、うまく外注を使えばどんどん運営する部屋を増やすことができます。実際に個人でも30～50部屋くらい運用している人もいます。ただし、民泊新法が成立するまでは、民泊特区の地域以外は旅館業法の許可が必要になる場合があり、新法の動向にも注視して行わないとリスクも伴いますのでその点はご注意ください。

トランクルームも工夫しだいで、収益を上げるツールになります。例えば、所有している物件の敷地内にスペースがあれば、物置を設置して入居者に貸し出すだけで収入を上げられますし、使っていない管理人室を倉庫として貸し出すこともできます。

また、テナントが何年も決まらずに困っているような物件をオーナーから安く借り上げて、パーティションで区切れば、トランクルームとして貸し出せます。

実際に借りたテナントをトランクルームにして、収益を上げている投資家はたくさんいます。買わずに借りて始めれば、融資が受けられなくてもキャッシュフローを増やすことができるので、これで収益を上げながら不動産収入として黒字申告していけば、金融機関によっては収入増とみなし、今後の融資枠も増やすこともできます。

86 これから確実に落ちていく賃貸需要の中で勝ち組になるには

野村総合研究所が発表している「住宅着工数シナリオ別空家率推移」によれば、今のペースで住宅着工数が維持されていくと2040年には空家率が40%を超えると予想されています。

私も不動産投資を始めてから約8年が経ちましたが、年々空室を埋めるのが難しくなってきていると感じます。数年前までは少し工夫するだけで、入居者を探すことが

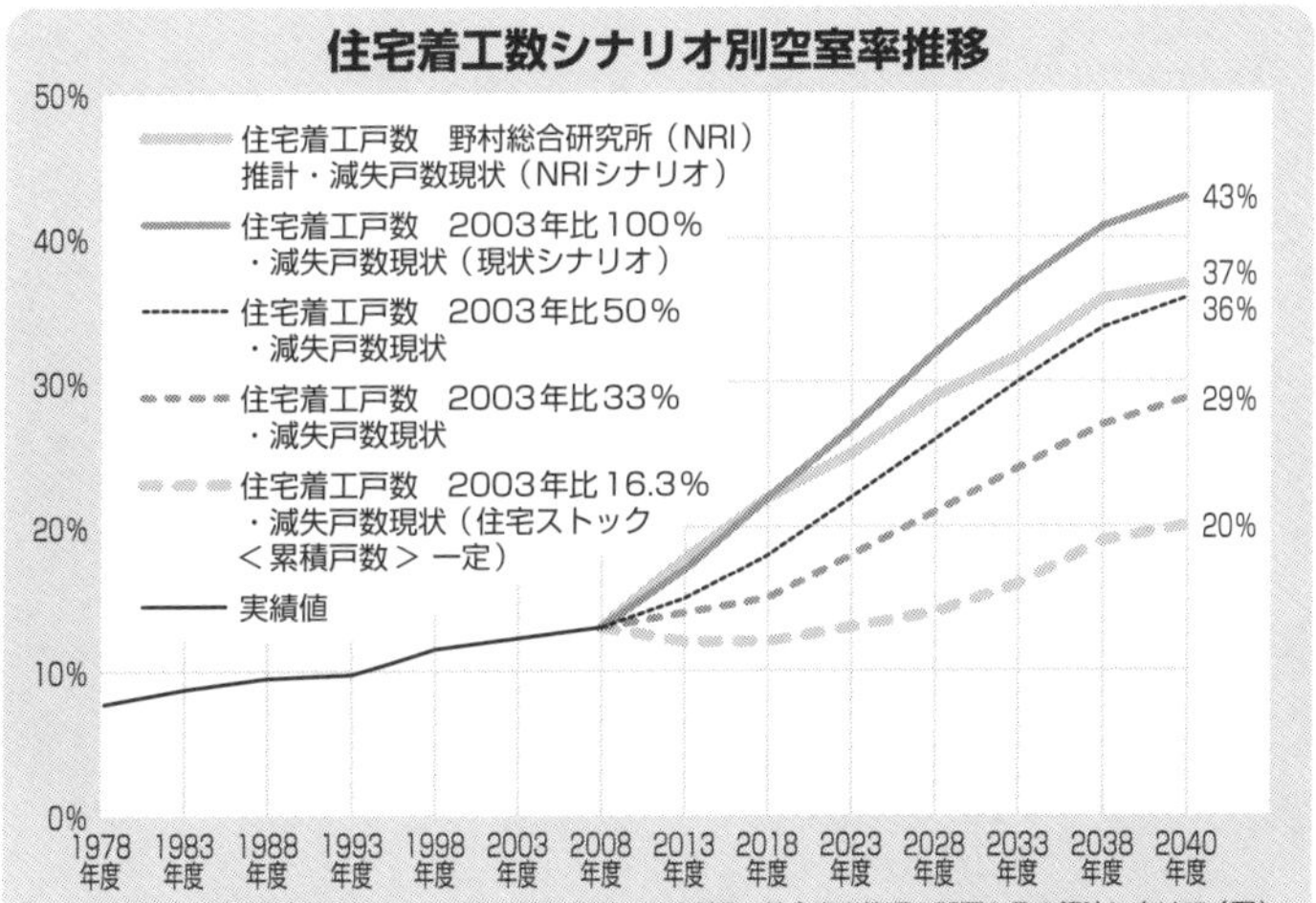

出典：野村総合研究所：人口減少時代の住宅・土地利用・社会資本管理の問題とその解決に向けて（下）～2040年の日本の空家問題「http://www.nri.com/jp/opinion/chitekishisan/2009/pdf/」

できましたが、入居者はインターネットで徹底的に物件を比較してから不動産会社を訪れるようになり、空室対策の手法もインターネットや書籍で広まり、小手先の空室対策ではなかなか決まりづらくなっています。

この状態で住宅が増え続け、人口が減り続けていけば賃貸住宅の需要は確実に減り、ますます競争が激しくなっていくことは容易に想像できます。まさにこれから賃貸戦国時代に突入していきます。そんな時代に勝ち組として生き残っていくにはどうすべきでしょうか？

①入居者はお客様という認識を持つ

まず、根本的なことですが不動産賃貸

業はもはやサービス業として認識すべきです。所有する賃貸アパート・マンションが商品であり、入居者はそれを毎月定期購入してくれているお客様です。賃貸住宅という商品が世の中に余っている以上、ライバル商品より付加価値の高い物を提供しない限り競争に勝ち残れません。それは新規で入居してくれる入居者もそうですが、すでに住んでくれている入居者についても同様です。以前は敷金・礼金それぞれ2ヶ月、前家賃と仲介手数料を含めると引っ越しするのに家賃の6ヶ月分のお金が必要でしたが、今は、敷金・礼金がゼロの物件も増え、入居者は気軽に引っ越しできるようになりました。今住んでくれている入居者にいかに長く住んでもらえるかはとても重要な課題です。

私が購入した物件を例に私が提供している入居者サービスをご紹介します。その物件は山梨県甲府市にある築23年の重量鉄骨マンションです。5階建てのマンションでエレベーターも付いており、周辺の物件の中では割と規模が大きい物件です。

間取りは1Kから1LDKまでで、家賃は管理費込みで3万7000円〜5万5000円くらいと相場並みです。しかし、甲府市の賃貸住宅の空室率は30％近くあり、競争がとても激しく、私が購入したときは住居18戸のうち3分の1の6戸が空室の状態でした。

現地の管理会社に空室の部屋の査定家賃を聞いてみると1Kの部屋で2万8000円と想定していた金額の25%を下回る金額でした。

このまま管理会社の言うことを聞いて家賃を値下げしてしまえば、簡単に入居が決まるかもしれませんが、そうするといずれ家賃収入は25%も少なくなってしまいます。

そこで私は付加価値を付けることで、家賃を下げずに募集する作戦にしました。

②入居者のターゲットを決める

物件の近所には山梨県立大学のキャンパスがあり、私はこの大学に入学する新入生にターゲットを絞りました。

というのも大学生の場合、一度入居すると中退しない限りほぼ4年間住んでくれ、家賃も基本的に親が支払うので滞納もありません。しかも、初めての一人暮らしに夢を膨らませており、オシャレな部屋に住みたいと思っている学生も多いはずです。

具体的にはアクセントクロスやクッションフロアを若者が好きそうな奇抜でオシャレな物を選びました。周辺の賃貸住宅ではまずないような柄です。

次にインターネットを入居者が無料で使えるように光回線の設備を導入しました。月々の利用料は18戸で1万8000円なので、1部屋当たり600円の大家負担です。

入居者が個々に引くと3000円以上するので、入居者にとってはありがたいサービスです。

同時にセキュリティカメラを3台設置しました。これはインターネットと同時に加入すると月々の負担はなしで導入できました。新入生は親御さんと一緒に探しにくるため、セキュリティ面をアピールすれば親御さんも安心して選んでくれます。

それから、1階の共用部に宅配ボックスを設置しました。これはインターネット通販を利用して10万円程度で購入した物です。今の若者はインターネットで買い物をするので重宝するはずです。

次に各部屋の設備を充実させます。具体的にはプロパン業者に協力してもらいテレビドアホンと温水洗浄便座を設置してもらいました。実は他のプロパン業者がこのどちらも無料で設置するから、プロパンガスの切替をしないかと提案してきたのですが、

私はこれを交渉のネタに、既存のプロパン業者にテレビドアホンの無償貸与とプロパンガス料金の基本料金と使用単価の値下げをしてもらいました。料金は周辺では最安値の料金です。短期的には私の出費が減るのでプロパンガス業者を切り替えた方が良かったのかもしれませんが、設備を負担してもらうとその代償は入居者のガス料金にのしかかります。

これらの設備は空室の部屋だけではなく既存の入居者にも設置してもらったので、既存の入居者はオーナーが私になったことにより、家賃は変わらずにインターネットが無料になり、セキュリティカメラ、宅配ボックス、テレビドアホンが追加され、さらにガス料金が値下げまでされました。入居者にとってはかなりお得な物件になったはずです。

最近は料金の高いプロパンガスの負担にとても敏感な入居者が増えているので、オーナーが私になってプロパンガスの料金が安くなったことも入居者に通知してもらいました。これらの努力が実り、当初の想定通り、学生が私の物件を選んでくれ、既存の入居者の退去も少なくなりました。今は常に高稼働な物件となっています。

③地価も勝ち組と負け組に分かれる

今後はますます人口の増減が地域によって明暗が分かれ、それに追随するように地価も勝ち組と負け組に分かれていくでしょう。

例えば総務省が発表した2014年の人口増減ランキングによると、秋田県が最下位でマイナス1・26％減となっています。秋田県の公示地価の平均も2014年から2015年でマイナス4・6％も下落しています。

一方で人口増減ランキング2位の沖縄県は0・4％増となっており公示地価の平均も1・32％上昇しています。次ページに全国の人口増減率と公示地価の増減率の一覧を掲載しましたが、やはり、人口が増えている地域の地価は上昇し、人口が減少している地域で地価も下落しており、人口と地価の相関性は高いと考えられます。

④人口が減っていても政策により地価が上がる例も

富山県は人口が減っているにもかかわらず、地価が上昇している数少ない都道府県です。特に富山市中心部の地価の上昇が顕著になっています。

これは2015年の3月に開業した北陸新幹線の影響もあると考えられますが、原因はそれだけではありません。富山県では古くから「独立したら家を構える」という文化があり、持ち家率は77・6％と秋田県に次いで全国2位を誇っています（2009年「住宅・土地統計調査」）。

この状況に加えて富山県は、2008年3月末現在の世帯当たりの乗用車保有台数が1・73台で、福井県に次いで全国2位（財団法人　自動車検査登録情報教会）と「過度に自動車依存」の状況になっています。

これらの結果、安い郊外に一戸建てを建てる傾向が強まり、市街地がうすく広がっ

人口増減率と公示地価の増減率

	都道府県	人口増減率	公示地価増減率	空室率
1	東京	0.68	5.13	14.5
2	沖縄	0.40	1.32	11.7
3	埼玉	0.23	0.58	18.4
4	神奈川	0.19	1.33	16.1
5	愛知	0.17	3.35	16.1
6	千葉	0.08	1.06	19.0
7	福岡	0.03	2.29	18.9
8	宮城	0.00	4.02	21.5
9	滋賀	−0.03	0.87	17.7
10	大阪	−0.15	2.88	20.1
11	広島	−0.23	0.22	18.2
12	栃木	−0.29	−1.53	24.4
13	京都	−0.29	2.52	17.5
14	兵庫	−0.30	1.03	19.9
15	岡山	−0.31	0.29	18.6
16	石川	−0.32	1.70	23.6
17	群馬	−0.38	−0.59	25.0
18	熊本	−0.39	−0.48	17.9
19	茨城	−0.43	−2.14	27.5
20	三重	−0.43	−1.89	21.3
21	香川	−0.45	−2.41	24.5
22	静岡	−0.47	−0.60	18.5
23	岐阜	−0.50	−1.28	25.6
24	奈良	−0.54	0.13	24.7
25	福島	−0.55	2.50	22.8
26	佐賀	−0.55	−0.64	15.7
27	北海道	−0.56	0.72	20.8
28	長野	−0.57	−1.69	27.7
29	宮崎	−0.57	−1.37	15.8
30	富山	−0.58	0.79	24.0
31	福井	−0.63	−0.11	30.1
32	大分	−0.63	−1.35	18.1
33	鳥取	−0.64	−4.23	22.9
34	愛媛	−0.69	−1.92	21.2
35	鹿児島	−0.70	−1.48	17.6
36	山梨	−0.72	−2.70	28.2
37	新潟	−0.74	−1.72	21.5
38	長崎	−0.74	4.27	18.4
39	徳島	−0.76	−2.15	22.4
40	岩手	−0.78	−0.47	23.3
41	島根	−0.78	−3.01	18.7
42	山口	−0.80	−1.93	19.1
43	和歌山	−0.85	−1.22	24.5
44	山形	−0.92	0.59	22.0
45	高知	−0.96	−1.92	22.8
46	青森	−1.08	−3.30	26.1
47	秋田	−1.26	−4.60	24.5

人口増減率：総務省統計局ＨＰより「http://www.stat.go.jp/data/jinsui/2014np/」
公示地価増減率：土地代データＨＰより「http://www.tochidai.info/」
空室率：Home's見える賃貸経営より「http://toushi.homes.co.jp/owner/」

た結果、全国の県庁所在地の中で最も人口密度が低い市街地となってしまいました。市街地は人が減り郊外に人口が増えるいわゆるドーナツ化現象となり、市街地の商店街は一日中シャッターが降りている店舗も増えてしまいました。

これに危機感を覚えた森市長が掲げたのが「コンパクトシティ」構想です。富山市はライトレールと呼ばれる次世代型路面電車を導入し、インフラの利便性を向上させました。また、郊外から市街地に移動してくる世帯に「まちなか居住推進事業」として補助金の支給も行っています。

結果的にドーナツ化となった中心部の商店街周辺にマンション建設ラッシュとなり、徐々に人が戻ってきました。これらの取り組みが評価され2012年6月には、OECD（経済協力開発機構）によって、メルボルン、バンクーバー、パリ、ポートランドと並び、コンパクトシティの世界の先進モデル都市に選出されています。これらの成果が近年徐々に地価に表れてきていると考えられます。

これから日本の各所で人口減少により富山市の市街地で起きたような問題が発生してきます。今後は各地域の都市計画や政策によって、ますます明暗が分かれてくるでしょう。時には、各自治体のホームページで将来の都市計画や町づくりの計画について確認してみると、将来の地価動向のヒントを見つけられるかもしれません。

87 勝ち組と負け組の土地を見分ける方法

私が購入する物件を検討する際に使用している「勝ち組の土地」か「負け組の土地」かを簡単に判別する方法をご紹介します。

利用するのは全国地価マップ（www.chikamap.jp）です。

①全国地価マップに調べたい土地の住所を入力して検索する。
②相続税路線価等のタブを選択する。
③過去3年の相続税路線価を比較する。

過去3年間上昇し続けていれば「勝ち組の土地」、過去3年間下落し続けていれば「負け組の土地」です。

ただし、ここで注意しなければいけないのは、「勝ち組の土地」＝「買うべき土地」ではないということです。もちろん3年連続上昇しているということは人気のある土地と言えますが、その分ライバルが多く割高の可能性もあります。

大事なことは周辺の相場と比較して、割安であるかどうか、投資として割に合うかどうかです。負け組の土地であっても、かなり割安であり、投資として大きなリターンがある可能性があれば検討に値する場合もあります。

私のおすすめは過去3年間横ばいか、1度か2度くらい上昇している土地です。このような土地は、まずまず需要はあるのですが、そこまで人気が高くないので、場合によって割安で買えることが多いからです。もちろん勝ち組の土地を割安で買えるのであればそれに超したことはありません。

また、この方法は所有物件を売却するかどうかの判断にも使えます。「勝ち組の土地」の場合は、今後所有していてもさらに価格が上昇する可能性があるので、持ち続けても良いと判断できますが、「負け組の土地」は上昇も見込めず、時間が経てば経つほど下落する可能性がありますので、早めに売却した方が良いかもしれません。

さらに、この方法は平成28年現在のように上昇している土地もあれば、下落している土地もある場合に有効な方法です。たとえばバブル時のようにどんな土地でも上がり続けていたり、リーマンショック後のようにどんな土地でも下がり続けていたりする場合には使えない方法なのでご注意ください。

88

人口が増えていても空室率が上昇しているエリア

次のグラフは首都圏のアパート・マンションの空室率の推移です。

（出典：相続税路線価　全国地価マップより http://www.chikamap.jp/）

▼平成 25 年

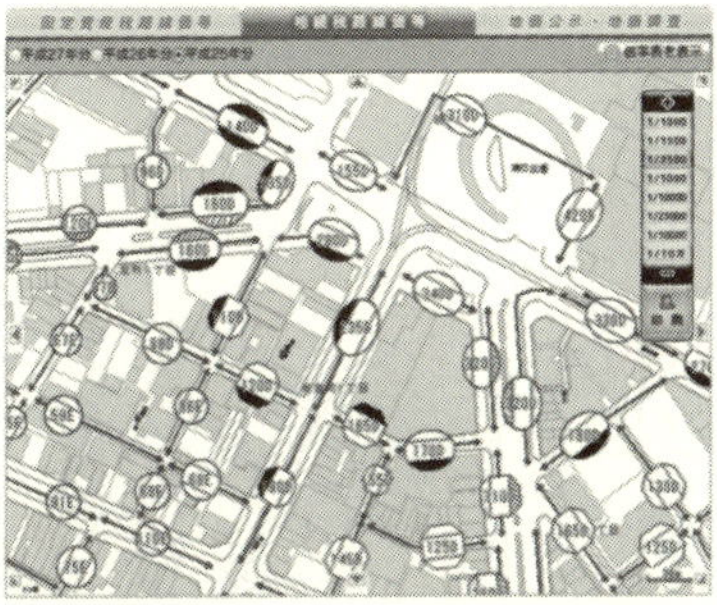

▼平成 26 年

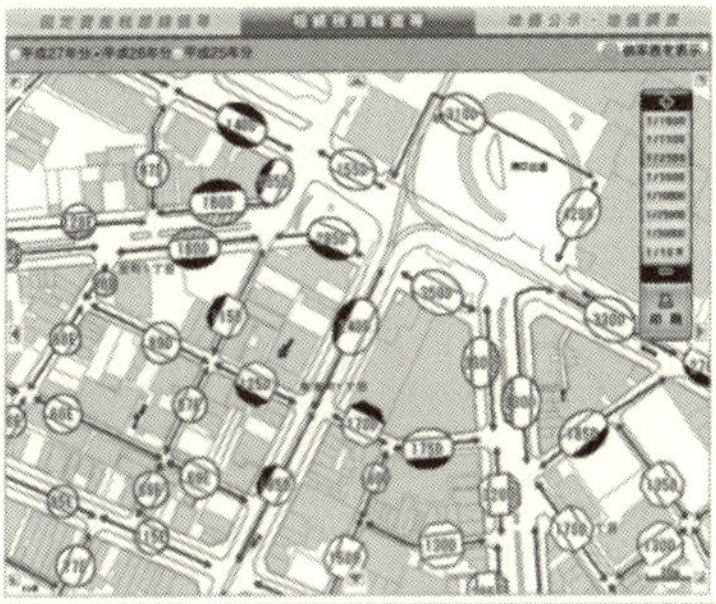

▼平成 27 年

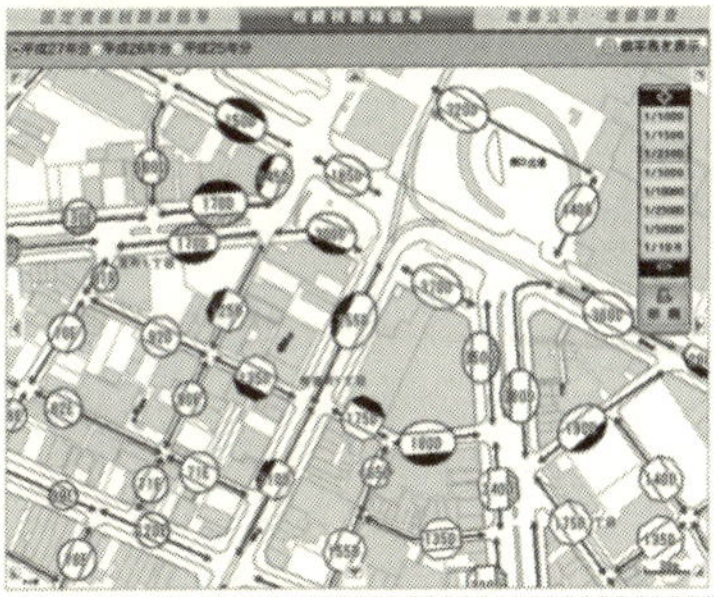

アパートの空室率グラフを見るとわかる通り、東京23区、神奈川県、千葉県で2015年7月頃から急激に空室率が増え始め、特に神奈川県では空室率が35%を超えています。

実に3戸に1戸以上が空室という状態です。実際に新築でも半年以上入居者が決まらないという事例も出てきています。

これは15年の相続税の増税により相続税対策にアパートを建てる人が増えた結果と見られています。

一方で首都圏のマンションの空室率はほぼ横ばいで推移しています。これは、東京オリンピックや復興需要でマンションの建設費が高騰していること、地主が開発事業者に言われるがまま建てるアパートに比べてマンションの場合は事業者が賃貸需要などをリサーチし、アパートよりも立地の良い場所で建てられていることが考えられます。

いずれにしても、自分が購入を検討している地域のリサーチは、地価動向、人口動態、空室率、賃貸住宅の需要と供給などいろいろな角度から行ってください。人口が増えているからと安易に購入してしまうと、後から空室に苦労することになります。

空室率の推移（アパート）

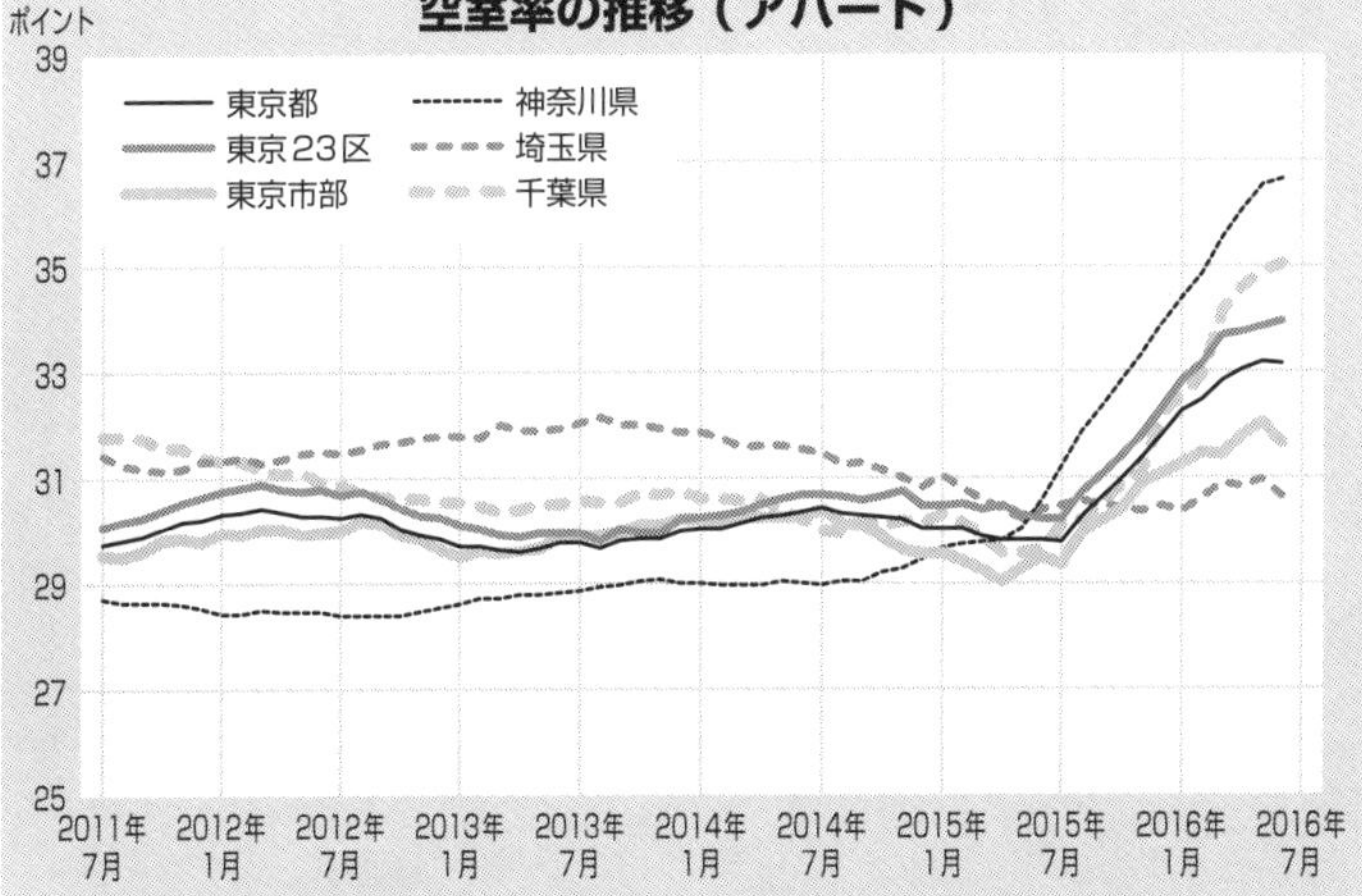

出典：株式会社タス：賃貸市場レポートより
「http://www.tas-japan.com/pdf/news/residential/Vol81_Vol53residential20160930.pdf」

空室率の推移（マンション）

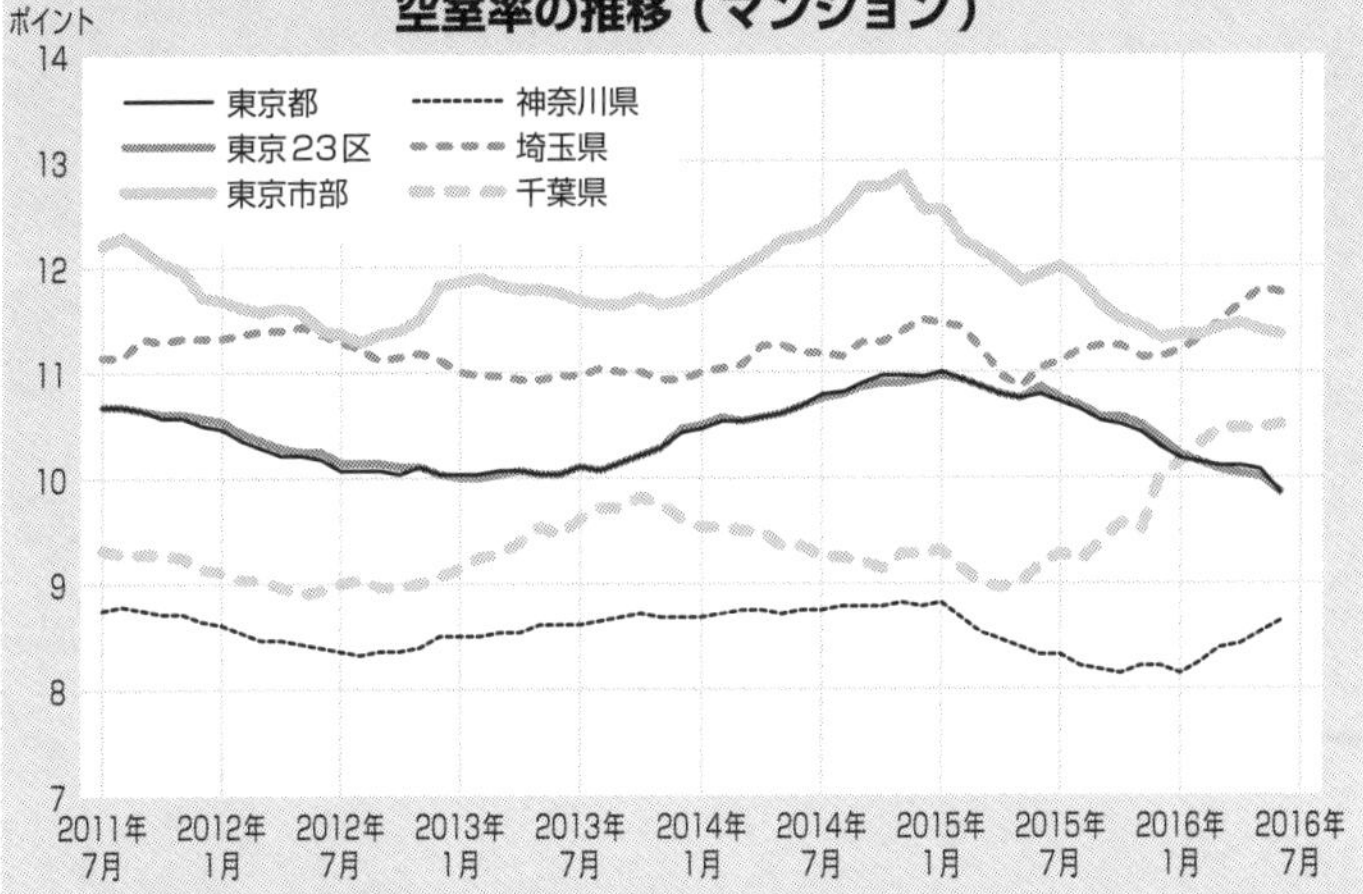

出典：株式会社タス：賃貸市場レポートより
「http://www.tas-japan.com/pdf/news/residential/Vol81_Vol53residential20160930.pdf」

89 成功する人に共通する5つの特徴

私は今までに個人的な相談や、不動産投資塾を通して400名以上の投資家を見てきました。これだけの人がいたので、さまざまな事例を見ることができました。

半年で6棟も購入して、早々に家賃年収が5000万円に達した人もいれば、まったく物件を購入できずに諦めてしまう人もいました。いったい彼らの違いはなんでしょうか。

もちろん、属性の違いにより融資が付きやすい人、付きにくい人はいます。しかし、属性が良くても買えない人もたくさんいました。逆に、属性が低くても2棟、3棟と購入し続けている人もいます。

私が実際に見て来た成功する人の特徴を挙げてみます。

①行動力がある

成功する人はとにかく、行動力があります。特に不動産の世界はいまだにクローズでアナログなことが多く、インターネットだけの情報収集ではなかなか良い情報は得られません。積極的に外に出て、自分で情報を得るしかありません。

具体的にはセミナーやその懇親会、大家の会などのコミュニティに行けば、現役の不動産投資家からさまざまな情報を得ることができます。私はもともと人と群れることが苦手で、このようなコミュニティに参加することを避けていましたが、参加してみると、勉強になることも多く、同じ志を持つ仲間ができて大変刺激を受けました。

実際に、こういうコミュニティに参加するようになってから、私の投資スピードも加速していきました。

行動力は情報収集や物件購入だけでなく、物件の運営にも影響します。例えば都内在住の私の知人は、地方に空室だらけの物件を購入しました。

その人はその地域に縁もゆかりもない人でしたが、物件購入後に毎週末1人で飛行機に乗って物件に通いました。リフォームを手伝ったり、客付け業者に営業に回ったり、貸す駐車場がなくなれば、周辺の地主に直談判で交渉して、確保していきました。

そして、当初18部屋空いていた空室は、なんと3ヶ月ですべて満室になりました。

②素直にすぐに行動する

成功する人はとにかく素直に成功者の話を聞いてすぐに実行に移します。その際のコツは、勝手に自己流をアレンジせずに、成功者のやっていることを徹底的に真似ることです。

特に不動産投資は再現性の高いビジネスモデルですので、うまくいっていることを真似するだけで成功します。うまくいかない人ほどいつの間にか勝手に自己流で余計なことをしている場合がほとんどです。

③コミュニケーション能力が高い

不動産の世界は人と人のつながりが多い世界です。まず物件購入時には不動産会社、融資を受ける金融機関とうまくコミュニケーションが取れなければ良い物件を良い融資条件で購入することはできません。

購入した後も、管理会社や仲介業者、リフォーム業者とうまくやり取りができなければ、よりよい物件運営もできません。これらを解決する手段として私がおすすめするのが電話を活用することです。

最近ではインターネットが発達し、何もかもメールで済ましてしまう人がいますが、やはり文字でやり取りするのと、言葉でやりとりするのでは伝わり方が全然違います。

また、遠隔地にいるサラリーマン大家さんで特にエリートと言われるような職に付いている人は、空室が埋まらなかったり、管理会社が思うように動いてくれなかったりすると、上から目線で怒鳴り散らす人がいます。これでは完全に逆効果です。特に遠隔地の物件を購入する場合は彼らといかに信頼関係を作れるかがとても重要です。

④ＷｉｎＷｉｎを意識している

自分だけが良い思いをするのではなく、関わる人すべての人がＷｉｎＷｉｎになれるような心遣いは重要です。管理会社、仲介業者、リフォーム会社などは利益が相反する場合がありますが、うまくコストを抑えつつ、彼らにもしっかりと利益を取ってもらって、長いおつきあいできるように意識してください。うまくいっている大家さんは必ず良いチームづくりができています。

⑤絶対に諦めない

あまり根性論のようになり私は好きではないですが、やはりすごく重要なので書かせていただきます。最近は物件価格が高騰し、なかなか良い物件が見つからなかったり、融資の承認が下りないことが多いです。

しかし、ここで諦めてしまったら何も変わりません。うまくいっている人はとにかく、諦めずに泥臭く物件情報を集め、融資してくれる銀行を探します。たった1つの物件と融資してくれる金融機関が見つかれば物件を購入することできます。

おわりに

今の日本は年金制度、終身雇用制度の崩壊、少子高齢化問題、人口減少問題と先の見えない将来への不安は尽きません。これからは今までの日本が経験したことがないような未知のことが起こり始めます。日本のメディアもこれらの暗いニュースばかりを報道し、日本の将来はお先真っ暗という閉塞感すら漂っています。

私もサラリーマン時代は常にリストラの恐怖と日々の業務のプレッシャーと戦いながら、将来の不安ばかりが頭を駆け巡っていました。実際に20代と30代で1回ずつリストラに遭い、人生のどん底も経験しました。なんとかこの不安から逃れようと、株やFX、先物・オプションなど投資と呼ばれるありとあらゆる物にチャレンジしてみました。

もちろん、相場に乗って利益を出せた時期はありましたが、それも長続きせず、気付いてみると時間とお金を費やしただけでした。

実際に私も証券会社で勤めてみてプロのディーラーの仕事を間近で見る機会があり

ましたが、情報が豊富なプロでさえ、相場で勝ち続けるのは難しいということがわかりました。そんなときに出会ったのが不動産投資です。『金持ち父さん 貧乏父さん』(ロバートキヨサキ著)を読んだことがきっかけでした。

しかし、当時20代だった私は、資金も人脈もコネもなく、ただ当時わずかに売られていた不動産投資の書籍を2、3冊読んでわかったつもりになり、自己流で始めてしまいます。そして、1棟目は今回私が本書で紹介したような賃貸需要の調査やシミュレーションもすることなく、ただなんとなく良さそうという自分の勘だけを頼りに購入してしまいました。

当然、素人が勘だけで選んだ物件がそう簡単にうまくいくわけもなく、購入時は満室だった物件も半年で半分空いてしまいました。しかも、購入時に「うちは管理も客付けも強いから」とその物件を仲介してくれた営業に言われるがまま管理も任せました。しかしその不動産業者は「問い合わせがない」と言うだけで何もしてくれません。

収入を補うつもりで始めた不動産投資なのに、自分の給料からローンの支払いをしなければいけなくなりました。

やはり、不動産投資もそんなに甘くないと思い知らせられました。諦めて売却しようと思いましたが、半分も空いている物件がローンの残債より高く、売れるわけもありません。

私はこの管理会社に見切りをつけ、自分で空室対策の勉強を始めました。休みの日には物件に通い、玄関に自分で鏡を付け、トイレに温水洗浄便座、玄関にはテレビドアホンも設置しました。自分で物件のホームページも作成し、物件のパンフレットと写真集を持参し、周辺の客付け業者に営業に回りました。

努力の甲斐もあり、半分空いていた物件は数ヶ月で満室になりました。はじめは本当にこの物件の購入を後悔するほど苦しみましたが、自分で動いたら、空室も埋まるということがわかり、空室だらけの物件を購入することに抵抗がなくなりました。

その後は、積極的にセミナーや懇親会、勉強会に参加し、他の不動産投資家と情報交換するようになりました。そこで、物件の購入の仕方、融資の獲得方法、物件のリサーチ方法やシミュレーションの仕方を学び、加速度的に規模の拡大に成功しました。

今から思えば、最初の物件であそこまで苦労しなかったら今の自分はなかったと思います。私も含め成功している投資家は必ず多くの苦労を経験し、それを乗り越えてきています。

サラリーマン時代の何倍もの年収を得られるようになるのであれば、それくらい努力して当然だと思います。これから不動産投資を始める人に勘違いして欲しくないのは、決して初めから楽をして儲かるビジネスではないということです。

しかし、一度仕組みさえつくってしまえば、後は月々数時間働くだけで毎月安定した収入が入ってきます。1ヶ月でサラリーマン時代のボーナスでももらったことのないような家賃収入が毎月入ってきてしまうのです。これは本当にすごいことで、私の人生は一変しました。

本書では限りある書面で伝えうる限りの不動産投資のノウハウと私が実際に行ってきてうまくいった、ハイブリッド不動産投資の例を紹介させていただきました。ふだん、物書きをすることもなかった私の文章がみなさんにちゃんと伝わったか不安ですが、少しでも皆さんの今後の人生にお役に立つことができれば幸いです。

そして、もし少しでも心が動かされたなら、必ず行動に移してください。本を読んだだけではあなたの人生は何一つ変わりません。あなたが諦めずに行動し続けたら必ずあなたの人生は切り開かれていきます。

そして、何か壁にぶつかったときは1人で悩まずに、外に出て相談できる人を探してください。あなたと同じ壁にぶつかってそれを乗り越えてきた人が必ずいるはずです。

もし、身近に相談できる相手が見つからなかったら、私にご相談ください。私や経験豊富な先輩大家さんたちがきっとあなたを良い方向に導いてくれるでしょう。


そして最後にもう一度言わせてください。

「あなたの人生を変えられるのは、あなただけです」

自分の手であなたの明るい未来を勝ち取ってください。

最後になりますが、今回、執筆のきっかけといろいろなアドバイスをしていただいた一般社団法人不動産投資家育成協会代表理事の長岐隆弘さん、出版の企画のお手伝いをしていただいた小山陸男さん、そして出版のチャンスを私に与えてくださったぱる出版の瀧口孝志さん、いつも私の応援をしてくれた家族にこの場をかりて心からの感謝の意を表したいと思います。

2016年12月

生形　大

期間限定

本書購入者限定！3つの特典

特典①

高機能不動産投資シミュレーター

キャッシュフローシミュレーションはもちろん、売却時のシュミレーションや、本書で紹介しているブレイクイーブン価格の算出もできる高機能シミュレーターです。有料、無料とわず数々のシュミレーターを使いましたが、最も現実に近い数値で収益シミュレーションすることができます。

特典②

年収別１億円ロードマップ

本書でも述べましたが、年収１億円を目指すには戦略を立てて物件購入および収入を増やしていく必要があります。
特典②では年収１億円を目指すための戦略を年収別にまとめました。

特典③

最新版 不動産投資向け融資情報 金融機関一覧

不動産投資において融資情報はとても重要です。
特典③では最新の不動産投資向け融資情報を金融機関ごとに一覧でまとめました。

特典は期間限定ですので、お早めに以下のサイトからダウンロードしてください。

http://kachigumi-ooya.com/tokuten

生形 大（うぶかた・だい）

1977年８月生まれ。富山市出身。横浜国立大学工学部建築学科卒。横浜国立大学大学院修了。外資系証券（バークレイズ証券・JPモルガン証券）出身の不動産投資家。現在、国内12棟189戸、海外３戸の不動産を所有。不動産以外にも株・FX・先物・オプション取引・オフショアファンドなどあらゆる投資に精通。現在は不動産コンサルタントとして独立し、数多くの不動産投資家を養成するスクールの講師、不動産投資セミナー講師として、経済的、時間的な自由を志すサラリーマンに指導を行っている。自身の実体験に基づく、具体的なアドバイスが人気を博している。不動産コンサルタントとしてTV出演もしている（TBS系列 サタデープラス）。

◎ブログ：http://ameblo.jp/daitier

◎ホームページ：http://kachigumi-ooya.com/

年収１億円《ねんしゅういちおくえん》を生《う》み出《だ》す［ハイブリッド］不動産投資《ふどうさんとうし》

2016年12月21日　初版発行

著者　生《うぶ》形《かた》 大《だい》

発行者　常塚嘉明

発行所　株式会社 ぱる出版

〒160-0011　東京都新宿区若葉1-9-16

03(3353)2835 — 代表　03(3353)2826 — FAX

03(3353)3679 — 編集

振替　東京 00100-3-131586

印刷・製本　中央精版印刷(株)

ISBN978-4-8272-1030-9 C0033